A. E. Drufner

Allgemeine Andachten für das liebe katholische Volk

A. E. Drufner

Allgemeine Andachten für das liebe katholische Volk

ISBN/EAN: 9783743317277

Hergestellt in Europa, USA, Kanada, Australien, Japan

Cover: Foto ©Thomas Meinert / pixelio.de

Manufactured and distributed by brebook publishing software
(www.brebook.com)

A. E. Drufner

Allgemeine Andachten für das liebe katholische Volk

Allgemeine Andachten

Liebe Katholische Volk.

„Lobet den Herrn, denn lobsingen ist gut; liebliches und fröhliches Lob sei unserm Gott.

„Singet dem Herrn mit Danksagung; lobsinget unserm Gott mit der Harfe." — Psalm 146.

DAYTON, OHIO:
GEO. A. PFLAUM
1890.

Morgengebet.

[Vom gottseligen Nikolaus Wolf.]

Jetzt stehe ich auf, und fange an diesen Tag im Namen der allerheiligsten Dreifaltigkeit, Gottes des Vaters, des Sohnes und des heiligen Geistes: und im Namen meines gekreuzigten Herrn Jesu Christi, der mich erlöset hat mit seinem heiligen kostbaren Blute. Derselbe wolle mich vor allem Uebel behüten und bewahren, beschützen und beschirmen am Leib und an der Seele. Er wolle mir auch geben, was mich befördert und befähigt zu seiner Ehre und zum ewigen Leben. O Herr Jesus Christus! Alle Bewegungen meines Leibes und alle Anmuthungen meiner Seele sollen alle Dir zur Ehre geschehen, und in heiliger Liebe mit Dir vereinigt sein. Alles, was ich heute thue, soll gethan sein zu deiner Ehre allein, O Gott!—O Jesus und Maria! Euch schenke ich mein Herz, meinen Leib und meine Seele. Ich empfehle mich in alle heiligen und guten Werke, in alle heiligen Gebete, alle heiligen Messen, alle heiligen Sakramente die heute in der ganzen Christenheit verrichtet und aufgeopfert werden, und was ich selbst leide und thue, soll alles Jesu aufgeopfert sein, den armen Seelen zu Trost und Hülfe. Amen.

O mein Jesu, ich glaube an Dich als an die ewige Wahrheit.

O mein Jesu, ich hoffe auf Dich als auf die unendliche Barmherzigkeit.

O mein Jesu, ich liebe Dich, weil Du bist das höchste und beste Gut.

Vater Unser, rc.   Gegrüßt, rc.

℣. Aber ich rufe zu Dir, o Herr!

℟. Und Morgens soll mein Gebet' vor Dich kommen.

℣. Unsere Hülfe ist im Namen des Herrn,

℟. Der Himmel und Erde gemacht hat.

℣. Herr, erhöre mein Gebet,

℟. Und laß mein Rufen zu Dir kommen.

Lasset uns beten: O Herr, allmächtiger Gott, der Du uns bis zum Anfange dieses Tages erhalten hast: beschütze uns heute mit deiner Kraft, damit wir an diesem Tage in keine Sünde fallen; sondern es sollen unsere Gedanken, Worte und Werke so geordnet sein, daß wir beständig deine Gerechtigkeit üben. Durch Jesum Christum, Deinen Sohn, unsern Herrn. Amen.

Der Herr segne uns, und bewahre uns vor allem

Uebel, und führe uns ins ewige Leben: und die Seelen der Gläubigen mögen durch die Barmherzigkeit Gottes im Frieden ruhen. Amen.

No. 1. Gelobt sei Jesus Christus.

Wach' ich des Morgens auf
So sprech' ich gleich darauf
:,: Gelobt sei Jesus Christus. :,:

In Noth und bitterm Schmerz
Sprech ich mit Mund und Herz
:,: Gelobt sei Jesus Christus. :,:

Bei Arbeit, Freud' und Leid,
Jetzt und in Ewigkeit;
:,: Gelobt sei Jesus Christus. :,:

So sing ich früh und spät,
Bei Arbeit und Gebet:
:,: Gelobt sei Jesus Christus. :,:

Vesperandacht.

℣ Deus, in adjutorium meum intende.

Gott, habe acht auf meine Hülfe.

℟ Domine | ad adjuvandum me festina.

Herr, eile mir zu helfen.

Gloria Patri | et *Filio* * et Spir*itui Sancto.*

Ehre sei dem Vater, und dem Sohne, * und dem hl. Geiste.

Sicut erat in principio | et nunc, et *semper* * et in sæcula saecu*lorum.* *Amen.* Alleluja.

Wie es war im Anfange, jetzt und allezeit, * und in alle Ewigkeit. Amen. Alleluja.

Von Septuagesima bis Ostern, statt Alleluja, singt man:

Laus tibi, Domine | Rex æternæ *gloriæ!*

Lob dir, Herr, König der ewigen Glorie!

Antiphonen und Psalmen für die erste Vesper der Apostel.

Antiphona. — Hoc est præceptum meum | ut diligatis invicem sicut dilexi vos.

Antiphon. — Dies ist mein Gebot, daß ihr einander liebet wie ich euch geliebt habe.

Psalm 109.   Dixit Dominus.

Dixit Dominus | Domino *meo :* * sede a *dextris meis*

Donec ponam | inimicos *tuos* * scabellum pedum *tuorum.*

Es sprach der Herr zu meinem Herrn : * setze dich zu meiner Rechten,

Bis ich deine Feinde * zum Schämel deiner Füße setze.

Virgam virtutis tuæ |
emittet Dominus ex
Sion : * dominare in me-
dio inimico*rum tuo-*
rum.

Tecum principium | in
die virtutis tuæ | in
splendoribus S a n c *to-*
rum : * ex utero | ante
luciferum *genui te.*

Juravit Dominus | et
non pœniteb*it eum* : * tu
es sacerdos in æternum |
secundum ordin*em Mel-*
chisedech.

Dominus a dextris *tuis :*
confregit in die iræ *suæ*
reges.

Judicabit in nationi-
bus | implebit ru*inas :* *
conquassabit capita | in
terra *multorum.*

De torrente | in via
bibet : * propterea exal-
tabit caput.

Gloria Patri | et *Filio* *
et S*piritui Sancto.*

Sicut erat in princi-
pio | et nunc et *semper :* *
et in sæcula | sæcu*lorum.*
Amen.

*Ant.—*Hoc est præcep-
tum meum | ut diligatis
invicem sicut dilexi vos.

*Ant.—*Majorem carita-
tem nemo habet, | ut ani-
mam suam ponat quis |
pro amicis suis.

Den Scepter ſeiner Macht
wird der Herr ausgehen
laſſen aus Sion : * herrſche
inmitten deiner Feinde.

Bei dir iſt die Herrſchaft
am Tage deiner Kraft im
Glanze der Heiligen : * Aus
dem Innern erzeugte ich dich
vor dem Morgenſtern.

Der Herr hat geſchworen,
und es wird ihn nicht ge=
reuen : * du biſt Prieſter
ewiglich nach der Ordnung
Melchiſedechs.

Der Herr zu deiner Rechten *
wird Könige zerſchmettern
am Tage ſeines Zornes.

Er wird richten die Völker,
und Zerſtörung anrichten : *
zerſchmettern die Häupter in
vielen Landen.

Aus dem Bache am Wege
wird er trinken : * darum wird
er emporheben das Haupt.

Ehre ſei dem Vater und dem
Sohne, * und dem heiligen
Geiſte.

Wie es war im Anfang, und
jetzt und allezeit, * und in alle
Ewigkeit. Amen.

A n t.—Dies iſt mein Ge=
bot, daß ihr einander liebet
wie ich euch geliebet habe.

A n t.—Größere Liebe hat
Niemand, als daß Jemand
ſein Leben hingebe für ſeine
Freunde.

Psalm 110. Confitebor.

Confitebor tibi, Domine | in toto *corde meo,* * in concilio justorum | et congre*gatione.*

Magna *opera Domini:* * exquisita in omnes | vol*voluntates ejus.*

Confessio | et magnificentia *opus ejus,* * et justitia ejus | manet in *sæculum sæculi.*

Memoriam fecit mirabilium suorum | misericors et miser*ator Dominus :* * escam dedit ti*mentibus se.*

Memor erit in sæculum || testa*menti sui :* * virtutem operum suorum | anuntiabit *populo suo.*

Ut det illis | hæredita*tem gentium:* *opera manuum ejus | veritas *et judicium.*

Fidelia omnia mandata ejus | confirmata in *sæculum sæculi :* * facta in veritate | et *æquitate.*

Redemptionem | misit *populo suo :* * mandavit in æternum | testamen*tum suum.*

Sanctum et terribile *nomen ejus :* * initium sapientiæ *timor Domini.*

Ich will dich loben, Herr, von meinem ganzen Herzen, * im Rathe und in der Versammlung der Gerechten.

Groß sind die Werke des Herrn, * ausgesucht nach allem seinem Wohlgefallen.

Löblich und herrlich ist sein Werk, * und seine Gerechtigkeit bleibt in Ewigkeit.

Ein Gedächtniß stiftete er in seinen Wundern, der gnädige und barmherzige Herr : * Speise gab er denen die ihn fürchten.

Er wird gedenken ewiglich seines Bundes : * wird verkünden seinem Volke die Kraft seiner Werke.

Daß er ihnen gegeben das Erbe der Heiden: * die Werke seiner Hände sind Wahrheit und Recht.

Getreu sind alle seine Gebote, bestätigt auf immer und ewig : * gemacht in Wahrheit vnd Gerechtigkeit.

Erlösung sandte er seinem Volke : * beschloß auf ewig seinen Bund.

Heilig und schrecklich ist sein Name : * die Furcht des Herrn ist der Anfang der Weisheit.

Intellectus bonus omnibus | facientibus eum : * laudatio ejus manet | in sæculum sæculi.

Gloria Patri et Filio : * et Spiritui Sancto.

Sicut erat in principio | et nunc et semper : * et in sæcula sæculorum. Amen.

Ant.—Majorem caritatem nemo habet, | ut animam suam ponat quis | pro amicis suis.

Ant.—Vos amici mei estis, | si feceritis, quæ præcipio vobis, | dicit Dominus.

Guten Verstand haben alle die darnach thun : * sein Lob bleibet immer und ewig.

Ehre sei dem Vater und dem Sohne : * und dem heiligen Geiste.

Wie es war im Anfange, und jetzt und allezeit, * und in alle Ewigkeit. Amen.

Ant.—Größere Liebe hat Niemand, als daß Jemand sein Leben hingebe für seine Freunde.

Ant.—Ihr seid meine Freunde, wenn ihr thut was ich euch befehle, spricht der Herr.

Psalm 111. Beatus Vir.

Beatus vir | qui timet Dominum : * in mandatis ejus volet nimis.

Potens in terra | erit semen ejus : * generatio rectorum benedicetur.

Gloria et divitiæ | in domo ejus : * et justitia ejus | manet in sæculum sæculi.

Exortum est | in tenebris lumen rectis : * misericors | et miserator et justus.

Selig ist der Mann der den Herrn fürchtet : * er wird große Lust haben an seinen Geboten.

Mächtig auf Erden wird sein Saame sein : * der Frommen Geschlecht wird gesegnet.

Ehre und Reichthum wird in seinem Hause sein : und seine Gerechtigkeit ewig fortbestehen.

Den Frommen geht in den Finsternissen ein Licht auf : * der Gnädige und Barmherzige und Gerechte.

Jucundus homo | qui miseretur et commodat; | disponet sermones suos *in judicio :* * quia in æternum | non *commovebitur.*

In memoria æterna *erit justus:** ab auditione mala *non timebit.*

Paratum cor ejus sperare in Domino | confirmatum *est cor ejus :* * non commovebitur | donec despiciat in*imicos suos.*

Dispersit dedit pauperibus, | justitia ejus manet in *sæculum sæculi :* * cornu ejus exaltabi*tur in gloria.*

Peccator videbit et irascetur, | dentibus suis fremet *et tabescet :* * desiderium pecca*torum peribit.*

Gloria *Patri et Filio :* * et Spi*ritui Sancto.*

Sicut erat in principio | et *nunc et semper :* * et in sæcula sæcu*lorum. Amen.*

*Ant. —*Vos amici mei estis, | si feceritis, quæ præcipio vobis, | dicit Dominus.

*Ant.—*Beati pacifici, | beati mundo corde | quoniam ipsi Deum videbunt.

Glückselig der Mann, der Mitleiden hat und leihet; er wird schlichten seine Sachen im Gerichte: * denn ewiglich wird er nicht wanken.

In ewigem Andenken wird sein der Gerechte: * nicht fürchten wird er sich vor bösem Gerüchte.

Sein Herz ist gefaßt und hofft auf den Herrn, sein Herz steht fest: * es wanket nicht bis er wegschauen kann über seine Feinde.

Er streut aus und gibt den Armen; seine Gerechtigkeit bleibet ewiglich: * Sein Horn wird erhöhet in Ehren.

Der Sünder wird es sehen und ergrimmen, wird mit den Zähnen knirschen und vergehen : * der Sünder Wünsche sind verloren.

Ehre sei dem Vater, und dem Sohne, * und dem hl. Geiste.

Wie es war im Anfange, jetzt und allezeit, * und in alle Ewigkeit. Amen.

Ant. — Ihr seid meine Freunde, wenn ihr thut was ich euch befehle, spricht der Herr.

Ant.—Selig die Friedfertigen, selig die reines Herzens, denn sie werden Gott sehen.

Psalm 112. Laudate Pueri.

Laudate pueri *Dómi-
num:* * laudate *nomen
Domini.*
Sit nomen Domini |
bene*dictum:* * ex hoc
nunc | et *usque in sæcu-
lum.*
A solis ortu | usque ad
oc*casum* * laudabile *nomen Domini.*
Excelsus super omnes
gentes *Dominus:* * et super cœlos *gloria ejus.*
Quis sicut Domnius
Deus noster | qui in altis
habitat: * et humilia res-
picit | in cœlo *et in terra.*
Suscitans a terra *in-
opem:* * et de stercore
erigens pauperem.
Ut collocet eum | cum
prin*cipibus:* * cum principibus *populi sui.*
Qui habitare facit | ste-
rilem in *domo:* * matrem
filiorum *lætantem.*
Gloria Patri | et *Filio:* *
et Spi*ritui Sancto.*
Sicut erat in princi-
pio | et nunc et *semper:* *
et in sæcula | sæcu*lorum.
Amen.*
Ant. — Beati pacifici,
beati mundo corde: |
quoniam ipsi Deum vide-
bunt.
Ant.—In patientia ves-
tra | possidebitis animas
vestras.

Lobet, ihr Diener, den
Herrn: * lobet den Namen
des Herrn.
Der Name des Herrn sei
gebenedeit * von nun an bis
in die Ewigkeit.
Von der Sonne Aufgang
bis zum Niedergang * sei
gelobet der Name des Herrn.
Hoch über alle Völker ist
der Herr, * und über die
Himmel seine Herrlichkeit.
Wer ist wie der Herr unser
Gott, der in den Höhen woh-
net, * und auf das Niedrige
schauet im Himmel und auf
Erden.
Der den Geringen erwecket
aus dem Staube, * und aus
dem Kothe erhöhet den Armen.
Daß er ihn setze neben die
Fürsten: * neben die Fürsten
seines Volkes.
Der die Unfruchtbaren woh-
nen läßt im Hause: * als
fröhliche Mutter von Kindern.
Ehre sei dem Vater, und
dem Sohne, * und dem hl.
Geiste.
Wie es war im Anfange,
jetzt und allezeit, * und in alle
Ewigkeit. Amen.
Ant. — Selig die Fried-
fertigen, selig die reines
Herzens: denn sie werden
Gott sehen.
Ant.— In eurer Geduld
werdet ihr eure Seelen be-
sitzen.

Psalm 116. Laudate Dominum.

Laudate Dominum | omnes *gentes:* * laudate eum *omnes populi.*

Quoniam confirmata est super nos | misericordia *ejus:* * et veritas Domini | manet *in æternum.*

Gloria Patri | et *Filio:* * et Spi*ritui* Sancto.

Sicut erat in principio | et nunc et *semper:* * et in sæcula sæcu*lorum.* *Amen.*

Ant.—In patientia vestra | possidebitis animas vestras.

Lobet den Herrn, alle Völker: * lobet ihn, alle Nationen.

Denn es ist bestätigt über uns seine Barmherzigkeit, * und die Wahrheit des Herrn bleibet in Ewigkeit.

Ehre sei dem Vater, und dem Sohne, * und dem heiligen Geiste.

Wie es war im Anfange, jetzt und allezeit, * und in alle Ewigkeit. Amen.

Ant.—In eurer Geduld werdet ihr eure Seelen besitzen.

Capitulum.—Brüder, nun seid ihr nicht mehr Gäste und Fremdlinge, sondern Mitbürger der Geheiligten und Hausgenossen Gottes, gebauet auf den Grund der Apostel und Propheten, wo Jesus Christus selbst ist der Schlußstein.

R︎. Deo Gratias.   R︎. Gott sei Dank.

Ordnungsgemäß sollte hier der Besper-Hymnus gesungen werden. Meistens wird statt dessen ein Marien-Lied eingeschaltet.

Ad Magnificat Ant.—Tradent enim vosin conciliis | et in synagogis suis flagellabunt vos, | et ante reges et præsides ducemini propter me | in testimonium illis et gentibus.

Ant.—Sie werden euch dem Rathe überliefern, in ihren Synagogen werden Sie euch geißeln, ihr werdet Königen und Richtern meinetwegen vorgeführt werden, ihnen und den Heiden zum Zeugniß.

Magnificat.

Magn*ificat* * anima'*mea* *Dominum.*

Et exaltavit | spiritus *meus:* * in Deo ₒalu*tari meo.*

Quia respexit | humilitatem ancillæ *suæ :* * ecce enim ex hoc | beatam me dicent | omnes gener*ationes.*

Quia fecit mihi magna | qui *potens est :* * et sanctum *nomen ejus.*

Et misericordia ejus | a progenie in pro*genies :* * timentibus eum.

Fecit potentiam | in brach₁o *suo :* * dispersit superbos | mente *cordis sui.*

Deposuit | potentes de *sede,* * et exal*tavit humiles.*

Esurientes | implevit *bonis,* * et divites *dimisit inanes.*

Suscepit Israel | puerum *suum :* * recordatus | miser*icordiæ suæ.*

Sicut locutus est | ad patres *nostros :* * Abraham | et semini *ejus in sæcula.*

Gloria Patri | et *Filio* * et Spir*itui Sancto.*

Sicut erat in principio | et nunc, et *semper* * et in sæcula sæcu*lorum.* *Amen.*

Hochpreiset * meine Seele den Herrn.

Und mein Geist frohlocket * in Gott, meinem Heile.

Weil er angesehen die Niedrigkeit seiner Magd : * denn siehe, von nun an werden mic̄ seli⸗ preisen alle Geschlechter.

Denn Großes hat an mi̅ gethan der mächtig ist : * und heilig ₁ein Name.

Und seine Barmherzigkeit waltet von Geschlecht zu Geschlecht : * über Alle, die ihn fürchten.

Er übet Kraft mit seinem Arm. * die Hoffärtigen zerstreuet er in ihres Herzens Sinne.

Die Mächtigen stürzt er vom Throne, * und erhöhet die Niedrigen.

Die Hungrigen erfüllt er mit Gütern : * und läßt die Reichen leer ausgehen.

Angenommen hat er sich Israels seines Knechtes : * eingedenk seines Erbarmens.

Wie er es unseren Vätern verheißen. * Abraham und dessen Nachkommen in Ewigkeit.

Ehre sei dem Vater, und dem Sohne, * und dem heiligen Geiste.

Wie es war im Anfange, jetzt und allezeit, * und in alle Ewigkeit. Amen.

Ant.—Tradent enim vos in conciliis | et in synagogis suis flagellabunt vos, | et ante reges et præsides ducemini propter me | in testimonium illis et gentibus.

℣. Dominus vobiscum

℟. Et cum Spiritu tuo.

Ant. — Sie werden euch dem Rathe überliefern, in ihren Synagogen werden Sie euch geißeln, ihr werdet Königen und Richtern meineswegen vorgeführt werden, ihnen und den Heiden zum Zeugniß.

℣. Der Herr sei mit euch

℟. Und mit deinem Geiste.

OREMUS.—Gott, dessen Rechte den heiligen Petrus auf den Wellen wandelnd emporhielt, daß er nicht versank, und seinen Mitapostel Paulus, als er dreimal Schiffbruch erlitt, aus der Tiefe des Meeres errettete: erhöre uns gnädig, und verleihe daß wir durch die Verdienste dieser Beiden die ewige Herrlichkeit erlangen mögen: durch Christum unsern Herrn.

℟. Amen.

℣. Dominus vobiscum

℟. Et cum spiritu tuo.

℣. Benedicamus Domino.

℟. Deo Gratias.

℣. Fidelium animæ per misericordiam Dei requiescant in pace.

℟. Amen.

℟. Amen.

℣. Der Herr sei mit euch

℟. Und mit deinem Geiste.

℣. Lasset uns den Herrn preisen.

℟. Gott sei Dank.

℣. Die Seelen der Gläubigen mögen durch Gottes Barmherzigkeit in Frieden ruhen.

℟. Amen.

Es wird nun eine der folgenden Antiphonen zur seligsten Jungfrau gesungen:

Vom ersten Adventsonntage bis zu Maria Lichtmeß.

Alma Redemptoris Mater, quæ pervia cœli
Porta manes, et stella maris; succurre cadenti.
Surgere qui curat populo: tu quæ genuisti,
Natura mirante, tuum sanctum Genitorem,
Virgo prius ac posterius: Gabrielis ab ore
Sumens illud Ave, peccatorum miserere.

Von Advent bis Weihnachten.

℣. Angelus Domini nuntiavit Mariæ;

℟. Et concepit de Spiritu Sancto.

℣. Der Engel des Herrn brachte Maria die Botschaft;

℟. Und sie empfing vom heiligen Geiste.

Oremus.—Wir bitten Dich, o Herr, Du wollest Deine Gnade in unsere Herzen eingießen, damit wir, die wir durch die Botschaft des Engels die Menschwerdung Christi Deines Sohnes erkannt haben, durch sein Leiden und Kreuz zur Herrlichkeit der Auferstehung geführt werden; durch denselben Christum unsern Herrn. Amen.

Von Weihnachten bis Maria Lichtmeß.

℣. Post partum Virgo inviolata permansisti.

℟. Dei Genitrix, intercede pro nobis.

℣. Nach der Geburt bist du eine unversehrte Jungfrau geblieben.

℟. Du Gottesgebärerin, bitt' für uns!

Oremus.—O Gott, der Du durch die fruchtbare Jungfrauschaft Mariens dem menschlichen Geschlechte die Freuden des ewigen Heils bereitet hast, verleihe: daß wir der Fürbitte derjenigen theilhaftig werden, durch welche wir würdig geworden sind zu empfangen den Urheber des Lebens, unsern Herrn Jesum Christum, deinen Sohn. Amen.

Von Maria Lichtmeß bis zum Osterabend.

Ave Regina cœlorum,
Ave Domina Angelorum,
Salve radix, salve porta,
Ex qua mundo lux est orta.

Gaude, Virgo gloriosa,
Super omnes speciosa;
Vale, o valde decora,
Et pro nobis Christum exora.

℣. Dignare me laudare te, Virgo sacrata.

℟. Da mihi virtutem | contra hostes tuos.

℣. Würdige mich Dich zu oben, o heilige Jungfrau.

℟. Gieb mir Kraft wider deine Feinde.

OREMUS.— Barmherziger Gott! komme unserer Schwachheit zu Hilfe, auf daß wir, die wir das Andenken an die hl. Gottesgebärerin begehen, durch die Hilfe ihrer Fürbitte von unseren Sünden auferstehen; durch Jesum Christum, unsern Herrn. Amen.

Vom Osterabende bis zum Vorabende des Dreifaltigkeitssonntags.

Regina cœli, lætare, alleluja,
Quia quem meruisti portare, alleluja,
Resurrexit sicut dixit. Alleluja.
Ora pro nobis Deum. Alleluja.

℣. Gaude et lætare, Virgo Maria! Alleluja.

℟. Quia surrexit Dominus vere. Alleluja.

℣. Freu' dich und frohlocke, du Juugfrau Maria! Alleluja.

℟. Denn der Herr ist wahrhaft auferstanden. Alleluja.

OREMUS.—O Gott, der Du Dich gewürdiget hast, durch die Auferstehung Deines Sohnes, unseres Herrn Jesu Christi, die Welt zu erfreuen, verleihe gnädig, daß wir auf die Fürbitte seiner jungfräulichen Mutter Maria die Freuden des ewigen Lebens erlangen; durch denselben Christum, unsern Herrn. Amen.

Vom Vorabende des Dreifaltigkeitssonntags bis Abvent.

Salve, Regina, Mater misericordiæ; vita, dulcedo, et spes nostra, salve! Ad to clamamus, exules filii Evæ. Ad te suspiramus gementes et flentes in hac lacrymarum valle. Eia! ergo, advocata nostra, illos tuos misericordes oculos ad nos converte. Et Jesum, benedictum fructrum ventris tui, nobis post hoc exilium ostende, o clemens, o pia, o dulcis Virgo Maria!

℣. Ora pro nobis, sancta Dei Genitrix.

℞. Ut digni efficiamur promissionibus Christi.

℣. Bitt' für uns, o heilige Gottesgebärerin.

℞. Auf daß wir würdig werden der Verheißungen Christi.

OREMUS.—Allmächtiger, ewiger Gott! der Du den Leib und die Seele der glorreichen Jungfrau und Mutter Maria zu einer würdigen Wohnung deines Sohnes, durch Mitwirkung des heiligen Geistes, vorbereitet hast, gieb, daß wir, die wir mit Freuden ihr Andenken begehen, durch ihre milde Fürbitte von den bevorstehenden Uebeln und von dem ewigen Tode befreit werden; durch denselben Christum, unsern Herrn. Amen.

O Salutaris und Tantum Ergo.

Siehe Seite 66.

Antiphonen und Psalmen für die gewöhnliche Sonntags=Vesper.

Ant.—Dixit Dominus.
Ps. DIXIT DOMINUS, Seite 6.
Ant.—Dixit Dominus Domino meo | sede a dextris meis.
Ant.—Fidelia.
Ps. CONFITEBOR, Seite 8.
Ant.—Fidelia omnia mandata ejus | confirmata in sæculum sæculi.
Ant.—In mandatis.
Ps. BEATUS VIR, Seite 9.
Ant.—In mandatis ejus volet nimis.
Ant.—Sit nomen Domini.
Ps. LAUDATE PUERI, Seite 11.
Ant.—Sit nomen Domini benedictum in sæcula.
Ant.—Nos qui vivimus.

Psalm 113   In Exitu.

In exitu Israel *de Ægypto*, * domus Jacob de *populo barbaro*,

Facta est Judæa | sanctificatio ejus, * Israel po*testas ejus*.

Mare vi*dit, et fugit:* * Jordanis conversus *est* retrorsum.

Montes exultaverunt *ut arietes*. * et colles sicut *agni ovium*.

Qu*id* est tibi mare, | *quod fugisti:* * et tu Jordanis, | quia, conversus *es* *retrorsum?*

Montes exultastis si*cut* arietes * et colles sicut *agni ovium?*

A facie Domini *mota est terra*, * a facie *Dei Jacob*.

Qui convertit petram | in *stagna aquarum*, * et rupem in *fontes aqu*arum.

Non nobis, Domi*ne, non nobis;* * sed nomini tuo *da gloriam!*

Super m i s e r i c o r d i a tua, | et veri*tate tua;* * nequando d i c a n t gentes: | ubi est *Deus eorum?*

Deus autem *noster in cœlo:* * omnia quæcumque *voluit, fecit*.

Simulacra gentium ar*gentum et aurum:* * opera *manuum hominum*.

Als Israel zog aus Egypten, * Jakobs Geschlecht aus fremdem Volke,

Da ward Juda sein Heiligthum, * Israel seine Herrschaft.

Das Meer sah es, und floh: * der Jordan wandte sich zurück.

Die Berge hüpften wie Widder: * und die Hügel wie junge Lämmer.

Was ist dir, Meer, daß du fliehest: * und dir, Jordan, daß du dich zurückwendest?

Euch, ihr Berge, daß ihr hüpfet wie Widder: * und ihr Hügel wie junge Lämmer?

Vor dem Antlitze des Herrn erbebte die Erde, vor dem Antlitze des Gottes Jakobs.

Der die Felsen verwandelt in Wasserseen, * und die Steine in Wasserbrunnen.

Nicht uns, o Herr, nicht uns,* sondern Deinem Namen gieb die Ehr°!

Und Deiner Barmherzigkeit und Deiner Wahrheit willen; * damit nicht die Heiden sagen: Wo ist ihr Gott?

Denn unser Gott ist im Himmel; * Alles, was Er will, das schafft Er.

Die Götzen der Heiden aber sind Silber und Gold, * Werke menschlicher Hand.

Os habent, et *non loquentur;* * oculos habent, et *non videbunt.*

Aures habent, *et non audient;* * nares habent, et *non odorabunt.*

Manus habent, et non palpabunt; | pedes habent, et non *ambulabunt;*＊ non clamabunt in *gutture suo.*

Similes illis fiant, qui *faciunt ea;* * et omnes, qui con*fidunt in eis.*

Domus Israel spera*vit in Domino:* * adjutor eorum et protec*tor eorum est.*

Domus Aaron spera*vit in Domino:* * adjutor eorum, et protec*tor eorum est.*

Qui timent Dominum, | spera*verunt in Domino;* * adjutor eorum, et protec*tor eorum est.*

Dominus memor *fuit nostri* * et bene*dixit nobis.*

Benedixit *domui Israel:*＊ benedixit *domui Aaron.*

Benedixit omnibus, | qui *timent Dominum:* * pusillis *cum majoribus.*

Adjiciat Domi*nus super vos:* * super vos, et super *filios vestros.*

Benedicti *vos a Domino:* * qui fecit *cœlum et terram.*

Cœlum *cœli Domino:* * terram autem dedit *filiis hominum.*

Einen Mund haben sie, und reden nicht; * haben Augen, und sehen nicht.

Ohren haben sie, und hören nicht; * eine Nase, und riechen nicht.

Hände haben sie, und tasten nicht; habei. Füße, und gehen nicht; * sie geben keinen Laut durch ihren Hals.

Es werden ihnen gleich, die sie machen; * und Alle, die auf sie vertrauen!

Das Haus Israels hofft auf den Herrn: * Er ist ihr Helfer und ihr Beschützer.

Das Haus Aarons hofft auf den Herrn; * Er ist ihr Helfer und ihr Beschützer.

Die den Herrn fürchten, hoffen auf den Herrn; * Er ist ihr Helfer und ihr Beschützer.

Der Herr denkt an uns * und segnet uns.

Er segnete das Haus Israels: * Er segnete das Haus Aarons.

Er segnete Alle die den Herrn fürchten, * die Kleinen sammt den Großen.

Der Herr wird euch noch mehr segnen, * euch und eure Kinder.

Gesegnet seid ihr von dem Herrn, * der Himmel und Erde gemacht hat.

Der Himmel des Himmels ist des Herrn! * die Erde aber gab er den Kindern der Menschen.

Non mortui laudab*unt*
te Domine: * neque om-
nes, qui descendunt *in*
infernum.
Sed nos, qui vivi'mus, |
bene*dicimus Domino:* *
ex hoc, nunc, et us*que in*
sæculum.
Gloria *Patri et Filio:* *
et *Spiritui Sancto.*
Sicut erat in princi-
pio | et *nunc et semper:* *
et in sæcula sæcu*lorum.*
Amen.

Nicht die Todten werden
Dich loben, o Herr! * alle die
nicht die zur Hölle fahren.

Wir aber, die leben, werden
preisen den Herrn, * von nun
an bis in die Ewigkeit.

Ehre sei dem Vater, und
dem Sohne, * und dem hl.
Geiste.

Wie es war im Anfange,
jetzt und allezeit, * und in alle
Ewigkeit. Amen.

Ant.—Nos qui vivimus benedicimus Domino.

Capitulum und Magnificat wie auf Seite 12.

Antiphonen und Psalmen für Feste heiliger Jungfrauen.

Ant.—Hæc est virgo sapiens ‖ et una de numero
prudentum.

Ps. Dixit Dominus, Seite 6.

Ant.—Hæc est virgo sapiens | et una de numero
prudentum.

Ant.—Hæc est virgo sapiens ‖ quam Dominus vigi-
lantem invenit.

Ps. Laudate Pueri, Seite 11.

Ant.—Hæc est virgo sapiens | quam Dominus vigi-
lantem invenit.

Ant.—Hæc est quæ nescivit ‖ torum in delicto: |
habebit fructum in respectione animarum sanctarum.

Psalm 121. Lætatus Sum.

Lætatus sum in his, | quæ *dicta sunt mihi,* * in domum Domini *ibimus.*

Stantes erant *pedes nostri,* * in atriis *tuis, Jerusalem.*

Jerusalem, | quæ ædificatur *ut civitas:* * cujus participatio | ejus *in idipsum.*

Illuc enim ascenderunt | tribus, *tribus Domini:* * testimonium Israel: * ad confitendum *nomini Domini.*

Quia illic sederunt sedes *in judicio,* * sedes super domum *David.*

Rogate quæ ad pacem *sunt Jerusalem:* * et abundantia dili*gentibus te.*

Fiat pax in vir*tute tua:* * et abundantia in *turribus tuis.*

Propter fratres meos | et *proximos meos* * loquebar *pacen de te.*

Propter domum Domini *Dei nostri,* * quæsivi *bona tibi.*

Gloria *Patri et Filio:* * et Spiritui *Sancto.*

Sicut erat in principio | et *nunc et semper:* * et in sæcula sæcu*lorum. Amen.*

Ant.—Hæc est quæ nescivit torum in delicto: | habebit fructum in respectione animarum sanctarum.

Ant.—Veni, electa mea ‖ et ponam in te thronum meum, alleluja.

Psalm 126. Nisi Dominus.

Nisi Dominus | ædificaverit *domum,* * in vanum laboraverunt, | qui *ædificant eam.*

Nisi Dominus | custodierit civi*tatem,* * frustra vigilat, | qui cus*todit eam.*

Vanum est vobis | ante lucem *surgere:* * surgite postquam sederitis, | qui manducatis pa*nem doloris.*

Cum dederit dilectis suis *somnum:* * ecce hereditas Domini, | filii, merces *fructus ventris.*

Sicut sagittæ in manu po*tentis:* * ita filii *excussorum.*

Beatus vir | qui implevit desiderium suum ex *ipsis:** non confundetur | cum loquetur inimicis *suis in porta.*
Gloria Patri | et *Filio:* * et Spi*ritui Sancto.*
Sicut erat in principio | et nunc et *semper:* * et in sæcula sæcu*lorum. Amen.*

Ant.—Veni electa mea | et ponam in te thronum meum. Alleluja.

Ant.—Ista est speciosa ‖ inter filias Jerusalem.

Psalm 147. Lauda Jerusalem.

Lauda Jerusalem, *Dominum:* * lauda Deum *tuum Sion.*

Quoniam confortavit | seras portarum tu*arum:* * benedixit filiis *tuis in te.*

Qui posuit fines tuos *pacem:* * et adipe frumenti sat*iat te.*

Qui emittet eloquium suum *terræ:* * velociter currit *sermo ejus.*

Qui dat nivem sicut *lanam:* * nebulam sicut *cinerem spargit.*

Mittit crystallum suam | sicut buc*cellas:* * ante faciem frigoris ejus | quis *sustinebit?*

Emittet verbum suum | et liquefaciet *ea:* * flabit spiritus ejus et *fluent aquæ.*

Qui annuntiat verbum suum *Jacob:* * justitias et judicia *sua Israel.*

Non fecit taliter | omni nati*oni:* * et judicia sua non manifes*tavit eis.*

Gloria Patri et *Filio:* * et Spi*ritui* Sancto.

Sicut erat in principio | et nunc et *semper:* * et in sæcula sæcu*lorum. Amen.*

Ant.—Ista est speciosa | inter filias Jerusalem.

MAGNIFICAT wie auf Seite 13.

Mai-Andacht.

Vor dem Rosenkranz.

No. 2. Milde Königin.

Milde Königin, gedenke,
Wie's auf Erden unerhört,
Daß zu Dir ein Pilger lenke,
Der verlassen wiederkehrt.
Nein, o Mutter, weit und breit
Schallt's durch deiner Kinder Mitte:
Daß Maria eine Bitte,
Eine Bitte nicht gewährt,
Ist unerhört—ist unerhört,
Unerhört in Ewigkeit, unerhört in Ewigkeit.

Wer zu Dir um Schutz geflohen,
Wer nur deiner nicht vergißt,
Muß bekennen, wie das Drohen
Auch der Hölle nichtig ist.
Nein, o Mutter, u. s. w., wie oben.

Nach dem dritten Gesetz.

Hast du, Mutter, deinen Söhnen
Deine Hilfe je verneint?
Hat man jemals seine Thränen,
Jungfrau, dir umsonst geweint?
Nein, o Mutter, u. s. w., wie oben.

Nach dem Rosenkranz.

No. 3.   O Du Heilige.

O, du Heilige, du Jungfräuliche,
Holde Mutter Maria!
Selig gepriesene, herrlich erwiesene,
Heil dir, holde Maria!

Du Begnadigte! Du Gesegnete
Jauchzen Engel und Menschen;
Himmlische Lieder tönen hernieder.
Heil dir, Mutter Maria!

Liebesseufzer.

℣. Dein Herz, o Maria, eröffne sich,
℟. Deine Macht beschütze mich,
℣. Deine Demuth belehre mich,
℟. Deine Armuth bereichere mich,
℣. Deine Geduld übertrage mich,
℟. Dein Gehorsam unterwerfe mich,
℣. Deine Unschuld verkläre mich,
℟. Deine Liebe entflamme mich,
℣. Deine Barmherzigkeit umgebe mich,
℟. Deine Lieblichkeit entzücke mich,
℣. Deine Schönheit begeistere mich,
℟. Deine Neigungen beherrschen mich,
℣. Deine Thränen erweichen mich,
℟. Deine Leiden durchbringen mich,

V. Deine Schmerzen verwunden mich,

R̸. Deine Freuden beseligen mich,

V. O Jungfrau Maria, erhöre mich,

R̸. In dein süßestes Herz verschließe mich,

V. Im Leben und Tod beschütze mich,

R̸. Auf daß ich stets mehr liebe dich,

V. Hier zeitlich und dort ewiglich.

R̸. Amen.

Dreimal: V. Unbeflecktes Herz Maria, entzünde mein Herz mit der Liebe Jesu, von welcher du brennest. R̸. O süßeste Jungfrau Maria! verschaffe mir ein Herz nach dem Herzen Jesu.

Das Memorare des hl. Bernard.

Gedenke, o gütigste Jungfrau Maria, es sei noch nie erhört worden, daß Jemand, der in deinen Schutz sich flüchtete, deinen Beistand anrief, und um deine Fürbitte anflehete, von dir verlassen worden sei. Beseelt von solchem Vertrauen, fliehe ich zu dir, o Jungfrau der Jungfrauen, Maria, Mutter Jesu Christi. Zu dir komme ich, zu dir eile ich, und als armer Sünder stehe ich seufzend und zitternd vor dir. O du Gebieterin der Welt, du Mutter des ewigen Wortes! verschmähe doch meine Worte nicht, sondern höre mich gnädig an, und erhöre mich Armseligen, der ich aus diesem Thale der Thränen zu dir um Hilfe rufe. Stehe mir bei in allen meinen Nöthen, jetzt und alle-

zeit, und besonders in der Stunde meines Todes, o gütige, o milde, o süße Jungfrau Maria.   Amen.
Ehre sei dem Vater, u. s. w.

Gebet zum hl. Joseph.
(Leo XIII.)

Zu dir, o hl. Joseph, fliehen wir in unserer Noth. Nachdem wir deine heiligste Braut um Hilfe angefleht haben, bitten wir auch voll Vertrauen um deinen Schutz. Um der Liebe willen, welche dich mit der unbefleckten Jungfrau und Gottesgebärerin verband, und um der väterlichen Liebe willen, mit der du das Jesukind umarmt hast, bitten wir dich flehentlich, du wollest das Erbe, welches Jesus Christus mit seinem Blute erkauft hat, gnädig ansehen und unserer Noth mit deiner Macht zu Hilfe kommen.

O fürsorglicher Beschützer der heiligen Familie, wache über die auserwählte Nachkommenschaft Jesu Christi; halte fern von uns, o geliebter Vater, jede Ansteckung des Irrthums und der Verderbniß. Stehe uns vom Himmel aus gnädig bei, o unser starker Beschützer im Kampfe mit den Mächten der Finsterniß, und wie du ehedem das Jesukind aus der höchsten Lebensgefahr errettet hast, so vertheidige jetzt die hl. Kirche Gottes gegen alle Nachstellungen der Feinde und nimm uns alle unter deinen beständigen Schutz, damit wir nach deinem Beispiele und mit deiner Hilfe heilig leben, selig sterben und im Himmel die ewige Seligkeit erlangen mögen.   Amen.

Ablaß jedes Mal von 7 Jahren und 7 Quadragenen.—Leo XIII., 15. August, 1889.

O Salutaris, Siehe Seite 66.

Die Lauretanische Litanei.

Kyrie *eleison*,
Christe *eleison*,
Kyrie *leison*,
    Alle Christe audi nos.
Christe ex*audi nos*,
Pater de cœ*lis Deus*,
Fili Redemptor Mun*di Deus*,
    Alle: Miserere nobis.
Spiritus Sanc*te Deus*,
Misere*re nobis*,
Sancta Trinitas, u*nus Deus*,
    Alle: Miserere nobis.

Sancta *Maria*,
Sancta Dei *Genitrix*,
Sancta Virgo *Virginum*,
    Alle: Ora pro nobis.
Mater *Christi*,
Mater divinæ *gratiæ*,
Mater *purissima*,
    Alle: Ora pro nobis.

Mater *castissima*,
Mater inv*iolata*,
Mater intem*erata*,
    Alle: Ora pro nobis.
Mater *amabilis*,
Mater admi*rabilis*,
Mater Creatoris,
    Alle: Ora pro nobis.
Mater Sal*vatoris*,
Virgo pru*dentissima*,
Virgo ve*neranda*,
    Alle: Ora pro nobis.
Virgo præ*dicanda*,
Virgo *potens*,
Virgo *clemens*,
    Alle: Ora pro nobis.

Herr erbarme Dich unser,
Christe erbarme Dich unser,
Herr erbarme Dich unser,
    · Christe höre uns.
Christe erhöre uns,
Gott, Vater vom Himmel,
Gott Sohn, Erlöser der Welt,
    Erbarme Dich unser.
Gott, heiliger Geist,
    Erbarme Dich unser.
Heilige Dreifaltigkeit, ein einiger Gott,
    Erbarme Dich unser.
Heilige Maria,
Heilige Gottesgebärerin,
Heilige Jungfrau aller Jungfrauen,
    Bitte für uns.
Mutter Christi,
Mutter der göttlichen Gnade,
Reinste Mutter,
    Bitte für uns.
Keuscheste Mutter,
Unbefleckte Mutter,
Unversehrte Mutter,
    Bitte für uns.
Liebliche Mutter,
Wunderbare Mutter,
Mutter des Schöpfers,
    Bitte für uns.
Mutter des Erlösers,
Weiseste Jungfrau,
Ehrwürdige Jungfrau,
    Bitte für uns.
Lobwürdige Jungfrau,
Mächtige Jungfrau,
Gütige Jungfrau,
    Bitte für uns.

Virgo *fidelis,*
Speculum *justitiæ,*
Sedes sap*ientiæ,*
   Alle: Ora pro nobis.

Causa nostræ *lætitiæ,*
Vas spirit*uale,*
Vas honor*abile,*
   Alle: Ora pro nobis.

Vas insigne devo*tionis,*
Rosa *mystica,*
Turris *Davidica,*
   Alle: Ora pro nobis.

Turris *eburnea,*
Domus *aurea,*
Fœd*eris arca.*
   Alle: Ora pro nobis.

Janua *cœli,*
Stella ma*tutina,*
Salus in*firmorum,*
   Alle: Ora pro nobis.

Refugium pec*catorum,*
Consolatrix af*flictorum,*
Auxilium Chri*stianorum,*
   Alle: Ora pro nobis.

Regina an*gelorum,*
Regina pa*triarcharum,*
Regina pro*phetarum,*
   Alle: Ora pro nobis.

Regina apos*tolorum,*
Regi*na martyrum,*
Regina con*fessorum,*
   Alle: Ora pro nobis.

Regi*na virginum,*
Regina sanctor*um omni-*
   um,
Regina sine labe originali
   concepta,
   Alle: Ora pro nobis.

Getreue Jungfrau,
Spiegel der Gerechtigkeit,
Sitz der Weisheit,
   Bitte für uns.

Ursache unserer Freude,
Geistliches Gefäß,
Ehrwürdiges Gefäß,
   Bitte für uns.

Vortreffliches Gefäß der An-
   dacht,
Geistliche Rose,
Thurm Davids,
   Bitte für uns.

Elfenbeinener Thurm,
Goldenes Haus,
Arche des Bundes,
   Bitte für uns.

Pforte des Himmels,
Morgenstern,
Heil der Kranken,
   Bitte für uns.

Zuflucht der Sünder,
Trösterin der Betrübten,
Hilfe der Christen,
   Bitte für uns.

Königin der Engel,
Königin der Patriarchen,
Königin der Propheten,
   Bitte für uns.

Königin der Apostel,
Königin der Märtyrer,
Königin der Beichtiger,
   Bitte für uns.

Königin der Jungfrauen,
Königin aller Heiligen,
Königin ohne die Erbsünde
   empfangen,
   Bitte für uns.

Agnus Dei —qui tollis— peccata mundi,
Alle: Parce nobis, Domine.

Agnus Dei — qui tollis— peccata mundi,
Alle: Exaudi nos Domine.

Agnus Dei — qui tollis— peccata mundi,

Alle: Miserere nobis.

O Du Lamm Gottes, welches Du hinwegnimmst die Sünden der Welt,
Verschone uns, o Herr!

O Du Lamm Gottes, welches Du hinwegnimmst die Sünden der Welt,
Erhöre uns, o Herr!

O Du Lamm Gottes, welches Du hinwegnimmst die Sünden der Welt,
Erbarme Dich unser;

Einige Marienlieder.

No. 4. Maria zu Lieben.

Maria zu lieben, * Ist allzeit mein Sinn;
Hab' ihr mich verschrieben, * Ihr Diener ich bin.
Mein Herz, o Maria, * Brennt ewig zu dir,
Vor Liebe und Freude, * O himmlische Zier

Maria zu lieben, * Ich allzeit gedenk';
Mein Herz, o Maria! * Auf's Neu ich dir schenk';
O sei du mein Schirm, * O Maria, so rein,
O sei meine Mutter, * Dein Kind will ich sein.

No. 5. Es blüht der Blumen Eine.

Es blüht der Blumen Eine * Auf ewig grüner Au!
Wie diese blühet keine * So weit der Himmel blau.
Wenn ein Betrübter weinet,* Getröstet ist sein Schmerz:
Wenn ihm die Blume scheinet, * Ins leidenvolle Herz.

Und wer vom Feind' verwundet* Zum Tode niedersinkt,
Von ihrem Duft gesundet, * Wenn er ihn gläubig trinkt.
Die Blume, die ich meine, * Sie ist euch wohl bekannt,
Die fleckenlose, reine, * Maria wird genannt.

Rosenkranz=Andacht in der Fastenzeit.

No. 6.   Vor dem Rosenkranz.

Bei dem Kreuz mit nassen Wangen,
Wo ihr liebster Sohn gehangen,
Stand sie trostlos und allein.
Und in dem beklemmtem Herzen
Drangen sich die Todesschmerzen
Gleich dem Dolche blutend ein.

O wie kläglich, wie betrübet
Stand des Sohn's, der sie geliebet,
Auserwählte Mutter da!
Todesangst sinkt auf sie nieder,
Da sie die zerriß'nen Glieder
Ihres liebsten Sohnes sah.

Nach dem dritten Gesetz.

Jesum sah sie fest gebunden
Und zerfleischt von tausend Wunden,
Für der Menschen Missethat.
Sah den Sohn verschmäht, verlassen,
Dürstend an dem Kreuz erblassen,
Den sie einst genähret hat.

Nach dem Rosenkranz.

Gieb, o Mutter, Quell der Liebe!
Daß ich mich mit dir betrübe,
Bring mir deine Schmerzen bei:
Drücke deines Sohnes Wunden,
So wie du sie selbst empfunden,
Tief auch meinem Herzen ein.

(Hierauf folgt die Predigt, geistliche Lesung oder Betrachtung.)

No. 7. Sühngesang.

Parce, Domine, parce populo tuo: * ne in æternum irascaris nobis.

Miserere *mei Deus:* * secundum magnam | miseri*cordiam tuam.*

Et secundum multitudinem | miserati*onum tuarum:* * dele 'iniqui*tatem meam.*

Parce, Domine, parce populo tuo: * ne in æternum irascaris nobis.

Schone, o Herr, schone dein Volk: * und zürne uns nicht in Ewigkeit.

Erbarme Dich meiner, o Gott: * nach Deiner großen Barmherzigkeit.

Und nach der Menge Deiner Erbarmungen, * tilge meine Missethat.

Schone, o Herr, schone dein Volk: * und zürne uns nicht in Ewigkeit.

Segensgesänge wie auf Seite 66.

No. 8. Düster sank der Abend.

Düster sank der Abend nieder, * In das stille Cebronsthal, * In dem Kreis geliebter Brüder, * Saß der Herr beim Abendmahl. * Labung ist es meinem Herzen, * Sprach er, daß die Stund begann, * da mit euch in süßen Schmerzen * Ich das Lamm genießen kann.

Dann nahm er beim Mahlesschlusse * Dankend, segnend, Brod und Wein; * Weihte beides zum Genusse * Und zum Liebesdenkmal ein. * Nehmet, sprach er, Tischgenossen, * Meinen Leib zur Speise hin; * Nehmt, von meinem Blut umflossen, * Diesen Kelch, und trinket ihn.

Der Heilige Kreuzweg.

Vorbemerkungen. — Mit dieser überaus heil=
samen Andacht sind zahlreiche Ablässe, theils vollkom=
mene, theils unvollkommene, verbunden, die alle den
armen Seelen zugewendet werden können. Um diese
Ablässe zu gewinnen, muß man folgende Bedingungen
erfüllen:

1. Man muß im Stande der Gnade sein.

2. Man muß diese Andacht vor einem rechtmäßig
errichteten Kreuzwege halten.

3. Man muß alle vierzehn Stationen des Kreuz=
weges besuchen,—man muß von einer Station zur
andern gehen. Wird aber die Andacht öffentlich ge=
halten, so genügt es wenn der Priester mit einigen
Ministranten die Stationen besucht.

4. Die vierzehn Stationen müssen nacheinander
besucht werden, ohne längere Unterbrechung.

5. Man soll bei jeder Station das Leiden des
Herrn kurz in Erwägung ziehen. Besondere Gebete
sind nicht vorgeschrieben.

Vorbereitungsgebet.

Im Geiste der Reue und mit einem bußfertigen Herzen will ich jetzt diese heilige Andacht verrichten, um dein bitterstes Leiden und Sterben, o mein göttlicher Heiland, zu ehren!

Ich will Dir demüthig Dank sagen für deine unendliche Liebe, mit welcher Du dein schweres Kreuz für mich getragen, und mich armen Sünder an demselben erlöset hast.

O Du gekreuzigter Erlöser! mache mich aller heiligen Ablässe theilhaftig, die ich durch diese heiligen Betrachtungen gewinnen kann; hilf meiner ausschweifenden Seele; mache mich aufmerksam auf die großen Geheimnisse,—und, der Du versprochen hast, daß Du Alles zu Dir ziehen wolltest, zieh' mein Herz und meine ganze Liebe zu Dir, der Du für mich am Kreuze bist erhöhet worden.

No. 9. Stationsgesang.

Laßt uns Christen jetzt betreten
Des Erlösers Kreuzesbahn,
Und da seh'n, was uns zu retten,
Seine Lieb' für uns gethan.
Er ist selbst uns vorgegangen
Diesen Weg der Pein und Schmach;
Willst du, Christ, auch einst gelangen
Zu der Kron', so folg' ihm nach.

Erste Station.

Jesus wird zum Tode verurtheilt.

V. Wir beten Dich an, Herr Jesus Christus! und sagen Dir Dank:

R. Weil Du, durch dein heiliges Kreuz, die ganze Welt erlöset hast.

Betrachtung.

Der unschuldige Jesus, der kein Uebel gethan hat, wird zum Tode verurtheilt, und zwar zum schmählich- sten Tode des Kreuzes. Damit Pilatus nicht in die Ungnade des Kaisers falle, übergibt er Jesum dem Willen seiner Feinde, damit sie Ihn nach Belieben tödten mögen. Ein schreckliches Verbrechen, die Un- schuld zum Tode verdammen und Gott verwerfen, nur damit man den Menschen nicht mißfalle!

Seufzer.

Ach, unschuldiger Jesu! ich habe gesündigt: Du aber nimmst das Urtheil des Todes willig an, damit ich lebe. Wie soll ich dann hinfüro leben können als allein für Dich? So lange ich den Menschen zu ge- fallen suche, kann ich dein Diener nicht sein; ich will also den Menschen und der Welt mißfallen, damit ich Dir allein, o Jesu, gefallen möge.

Vater Unser, 2c. Gegrüßet seist, 2c.

V. Gekreuzigter Herr Jesus Christus!

R. Erbarme dich unser!

Zweite Station.

Jesus nimmt das Kreuz auf sich.

℣. Wir beten Dich an, 2c.

℟. Weil Du durch dein hl. Kreuz, 2c.

Betrachtung.

Als Jesus das Kreuz erblickte, streckte Er seine blut= triefenden Arme gegen solches mit größter Begierde aus; Er umfing es liebreich, küßte es herzlich, und nahm es mit Freuden auf seine verwundeten Schul= tern. Obgleich er schon todtschwach war, so hat Er doch gefrohlockt wie ein Riese, seinen Weg zu laufen.

Seufzer.

Sollte ich wohl ein Freund Christi sein können, wenn ich ein Feind des Kreuzes bin? O liebes, o gutes Kreuz! ich nehme dich mit Freuden von der Hand Gottes an. Es sei fern von mir, daß ich mich hinfüro in etwas glücklich achte, als in dem Kreuze allein. Durch dieses soll die Welt mir gekreuzigt sein, damit ich, o Jesu, allein dein eigen sei.

Vater Unser, 2c. Gegrüßt seist, 2c.

℣. Gekreuzigter Herr Jesus Christus!

℟. Erbarme Dich unser!

Dritte Station.

Jesus fällt das erste Mal unter dem Kreuze.

℣. Wir beten Dich an, 2c.

℟. Weil Du durch dein hl. Kreuz, 2c.

Betrachtung.

Als der Heiland das schwere Kreuz auf seinen Schultern dahertrug, wurde Er durch dessen Schwere zu Boden gedrückt und that einen schmerzlichen Fall. Meine Sünden nämlich und meine Missethaten sind als eine schwere Last über Ihn gehäuft worden, und haben Ihn zu Boden gedrückt. Eine leichte und süße Bürde war Ihm das Kreuz, aber eine schwere und unerträgliche Last waren Ihm unsere Sünden.

Seufzer.

Ach, mein Jesu! Du hast meine Bürde auf Dich genommen, und die schwere Last meiner Sünde getragen; warum soll ich dann nicht auch dein Joch auf mich nehmen, damit wir also, Einer des Andern Last tragend, das Gesetz erfüllen? Dein Joch ist süß und deine Bürde leicht, darum trage ich es gern; ich nehme mein Kreuz willig auf mich und folge Dir nach.

Vater Unser, 2c.   Gegrüßet seist, 2c.

V̇. Gekreuzigter Herr Jesus Christus!

Ṙ. Erbarme Dich unser!

Vierte Station.

Jesus begegnet seiner betrübten Mutter.

V̇. Wir beten Dich an, 2c.

Ṙ. Weil Du durch dein hl. Kreuz, 2c.

Betrachtung.

Was muß dieses nicht für ein schmerzlicher Anblick gewesen sein als die betrübte Mutter Maria ihren lieben Sohn Jesum gesehen hat, das schwere Kreuz

also daher tragen! Welche unaussprechliche Schmer=
zen wird sie nicht in ihrem Herzen empfunden haben!
Sie verlangte entweder für Jesum, oder mit Jesu zu
sterben. Bitte die schmerzhafte Mutter, daß sie dir
in deinem Hinscheiden mildreich beistehen wolle.

Zarte Jungfrau! welch ein Degen
Drang durch deine Mutterbrust,
Als du sah'st von Kreuz und Schlägen
Unterdrücket deine Lust?
Sollen dann dich Mutter nennen,
Die auch da so untreu sind,
Daß sie deinen Sohn verkennen
Und stets häufen Sünd' auf Sünd'.

Seufzer.

O Jesu! o Maria! ihr geliebtesten Herzen! ich bin
Ursache an euren so großen und vielfältigen Schmer=
zen. Ach! daß deswegen auch mein Herz mit Schmer=
zen erfüllet würde! O betrübte und schmerzhafte
Mutter! theile deine Schmerzen mit mir und laß mich
dein Herzeleid empfinden, damit ich mit dir trauere
und damit du mir in der letzten Noth zu Hülfe kommst.

Vater Unser, 2c. Gegrüßet seist, 2c.

℣. Gekreuzigter Herr Jesus Christus!

℟. Erbarme Dich unser!

Fünfte Station.

Simon von Cyrene hilft Jesu das Kreuz tragen.

℣. Wir beten Dich an, 2c.

℟. Weil Du durch dein hl. Kreuz, 2c.

Betrachtung.

Simon von Cyrene wird gezwungen dem tobt=
schwachen Jesu das Kreuz tragen zu helfen; und Jesus
nimmt ihn als einen Mitgehilfen, als einen Wegge=
fährten und Genossen des Kreuzes an.   O wie gern
ließ Er auch dich das Kreuz tragen, wenn du nur
wolltest!   Er ruft dir; du aber giebst Ihm kein
Gehör.   Er ladet dich ein; du aber weigerst dich.
Schäme dich, daß du das Kreuz nur gezwungener
Weise trägst.

Seufzer.

O Jesu, wer sein Kreuz nicht trägt und Dir nicht
nachfolgt, ist Deiner nicht werth.   Ich will Dir also
das Kreuz tragen helfen; ich will auf dem Kreuz=
wege dein Gefährte und Genosse sein, ich will in deine
blutigen Fußstapfen treten, und Dir nachfolgen, damit
ich zu Dir in das ewige Leben gelange.

Vater Unser, 2c.   Gegrüßet seist, 2c.

V. Gekreuzigter Herr Jesus Christus!

R. Erbarme Dich unser!

Sechste Station.
Veronika reicht Jesu das Schweißtuch dar.

V. Wir beten Dich an, 2c.

R. Weil Du durch dein hl. Kreuz, 2c.

Betrachtung.

Veronika reicht Jesu aus Andacht und Mitleid den
Schleier ihres Hauptes als ein Schweißtuch dar, damit
Er sein todtbleiches, verspieenes und blutiges Angesicht

in solchem abtrocknen könnte; und Er hat solchem das Bildniß seines heiligsten Angesichtes eingedrückt. Ein kleiner Dienst, aber eine große Belohnung. Was erstattest du deinem Heiland für seine großen Guttaten für Dienst und Dank?

Seufzer.

O gütigster Jesu! was soll ich Dir für Alles ver= gelten, was Du mir, und für mich gethan hast? Sieh'! ich übergebe mich ganz und gar deinem Dienste; Dir opfere und heilige ich mein Herz: drücke dein Bildniß tief in solches hinein, damit selbes in mir in Ewigkeit durch das Bild des alten, sündigen Menschen nicht mehr verunehrt, oder gar ausgetilgt werde.

Vater Unser, 2c.   Gegrüßt seist, 2c.
V. Gekreuzigter Herr Jesus Christus!
R. Erbarme Dich unser!

Siebente Station.

Jesus fällt das zweite Mal unter dem Kreuze.

V. Wir beten Dich an, 2c.
R. Weil Du durch dein hl. Kreuz, 2c.

Betrachtung.

Der schmerzvolle Jesus fällt abermals unter dem Kreuze zu Boden, und liegt mit seinem heiligsten An= gesichte auf der Erde; doch wird Ihm von den un= barmherzigen Henkersknechten kein Augenblick zu rasten vergönnt. Er wird mit Schlägen aufgetrieben und mit Stricken fortgeschleppt. So beschweren Jesum meine öfters wiederholten Sünden. Dieses sehe ich,— und wie, ich sollte zum Sündigen immer noch Lust haben?

Uns're Sünden drücken wieder
Jesum auf die Erde hin.
Deren Fluch schlägt Ihn darnieder
Und entkräftet seinen Sinn.
Er hat sie auf Sich genommen
Und getragen ihre Last.
Wodurch wir der Straf entkommen
Und erlangt der Seele Rast.

Seufzer.

O Jesu, Du Sohn Davids, erbarme Dich meiner! Reiche mir deine milde Hand und unterstütze mich, daß ich nicht mehr in die alten Sünden falle. Ich habe es gesagt, und von nun an soll mit Ernst der Anfang gemacht sein. Nimmer will ich sündigen. Du, o einzige Hilfe der Schwachen! stärke mich mit deiner Gnade, ohne die ich nichts vermag, damit ich diesen Vorsatz unverbrüchlich halten möge.

Vater Unser, 2c. Gegrüßt seist, 2c.

V. Gekreuzigter Herr Jesus Christus!
R. Erbarme Dich unser!

Achte Station.

Die Töchter von Jerusalem beweinen Jesum.

V. Wir beten Dich an, 2c.
R. Weil Du durch dein hl. Kreuz, 2c.

Betrachtung.

Dies andächtige Frauenvolk weinet über den leiden=
den Heiland, Er aber wendet Sich gegen sie und sagt:
„Weinet nicht über Mich, als der Ich unschuldig bin,
sondern weinet über euch und eure Kinder, welche
schuldig sind." So weine dann auch du; es ist Chri=
sto nichts angenehmer, und dir nichts nützlicher, als
die Thränen, die du aus Reue über deine Sünden ver=
gießest.

Seufzer.

O Jesu! wer wird meinem Haupte Wasser und
meinen Augen ganze Zähren bäche geben, daß ich Tag
und Nacht meine Sünden beweine? Ich bitte Dich
durch deine bitteren und blutigen Zähren, Du wollest
mir die Gnade der Buße verleihen, und mein Herz also
zerknirschen, daß aus meinen Augen häufige Zähren
fließen; damit ich meine ganze Lebenszeit deine Leiden,
und noch vielmehr die Ursache derselben, meine Sün=
den, beweinen möge.

Vater Unser, ꝛc. Gegrüßt seist, ꝛc.
℣. Gekreuzigter Herr Jesus Christus!
℟. Erbarme Dich unser!

Neunte Station.
Jesus fällt das dritte Mal unter dem Kreuze.

℣. Wir beten Dich an, ꝛc.
℟. Weil Du durch dein hl. Kreuz, ꝛc.

Betrachtung.

Nachdem der abgemattete Jesus mit dem Kreuze am
Fuße des Kalvarienberges angelangt, ist Er abermals

zu Boden gefallen. Es wäre auch nicht zu verwun=
dern gewesen, wenn sein heiligstes Haupt durch die
Härte dieses Falls ganz und gar zerquetscht worden
wäre. Doch wird seine Liebe nicht gebrochen, sie
unterliegt nicht. Was für eine entsetzlich schwere Last
müssen dann die Sünden sein!—Jesum drücken sie oft
zu Boden; und mich, wenn ich durch die Verdienste des
Leidens Jesu Christe nicht wäre erhalten worden wür=
den sie gar in den Abgrund der Hölle gedrückt haben.

Seufzer.

O barmherzigster Jesu! Dir sei unendlicher Dank
gesagt, daß Du mich nicht hast in Sünden liegen, und,
wie ich es so oft verdient hätte, nicht in das ewige
Feuer hast fallen lassen. Entzünde in mir einen neuen
Eifer zu dem Guten, damit ich nicht mehr zurückfalle,
sondern auf dem Bußwege bis an's Ende standhaft
verharre.

Vater Unser, 2c.   Gegrüßt seist, 2c.

V. Gekreuzigter Herr Jesus Christus!

R. Erbarme Dich unser!

Zehnte Station.
Jesus wird seiner Kleider beraubt.

V. Wir beten Dich an, 2c.

R. Weil Du durch dein hl. Kreuz, 2c.

Betrachtung.

Da der Heiland die Schädelstätte erstiegen hatte, so
wurden Ihm seine Kleider ausgezogen, oder vielmehr
hinweggerissen. Ach! mit welch großen Schmerzen

wird auch die anklebende Haut sammt den Kleidern, welche in die Wunden und in das Blut ganz einge= backen waren, hinweggerissen! Alle Wunden werden erneuert. Die Kleider werden Jesu ausgezogen, daß Er arm und bloß sterbe. Wie getrost werde auch ich sterben wenn ich den alten Menschen sammt seinen bösen Begierden werde ausgezogen haben.

Seufzer.

Es geschehe, o Jesu, daß ich den alten Menschen aus= und einen neuen anziehe, der nach deinem Wohl= gefallen, Wunsch und Willen ist. Sollte mir dieses noch so beschwerlich fallen, so will ich doch meiner selbst nicht schonen. Von allem Irdischen, von mir selbst entblößt, verlange ich zu sterben, damit ich Dir ewig lebe.

Vater Unser, ꝛc. Gegrüßet seist, ꝛc.
℣. Gekreuzigter Herr Jesus Christus!
℟. Erbarme Dich unser!

Elfte Station.
Jesus wird an das Kreuz genagelt.

℣. Wir beten Dich an, ꝛc.
℟. Weil Du durch dein hl. Kreuz, ꝛc.

Betrachtung.

Nachdem Jesus seiner Kleider beraubt worden, so wurde Er auf das Kreuz geworfen, peinlichst ausge streckt und durch Hände und Füße an solches genagelt O Schmerzen! und Er schweigt, weil es seinem himm= lischen Vater so gefallen hat. Er erträgt es mit

Geduld, weil Er mir zu Liebe leidet. Wie verhalte ich mich in Kreuz und Leiden? Ach, wie viele Ungeduld zeige ich! wie viele Klagen führe ich!

Seufzer.

O Jesu, Du geduldiges Lamm! ich muß mich meiner Weichlichkeit und Ungeduld wegen schämen. Ich verfluche sie. Nimm hin, kreuzige mein Fleisch mit seinen Begierlichkeiten. Schneide, brenne, peinige in diesem Leben, wie Du willst; nur schone meiner in der Ewigkeit. Ich lege mein Schicksal in deine Hände und übergebe mich Dir ohne Ausnahme. In Allem geschehe dein heiligster Wille.

Vater Unser, 2c. Gegrüßet seist, 2c.

℣. Gekreuzigter Herr Jesus Christus!

℟. Erbarme Dich unser!

Zwölfte Station.

Jesus wird am Kreuze erhöhet und stirbt.

℣. Wir beten Dich an, 2c.

℟. Weil Du durch dein hl. Kreuz, 2c.

Betrachtung.

Sieh' Jesum am Kreuze! da hängt Er, arm und bloß. Jetzt kannst du die Wunden sehen, die Er aus Liebe für dich empfangen hat. Die ganze Gestalt des sterbenden Jesu ist voll der Liebe: das Haupt ist geneigt, dich zu küssen; die Arme sind ausgespannt, dich zu umfangen; das Herz ist eröffnet, dich einzuschließen. O, was ist das für eine Liebe! Jesus, der Sohn Gottes, stirbt am Kreuze, damit der Mensch lebe, und von dem ewigen Tode erlöset werde.

Endlich ist der Sieg errungen,
Jesus stirbt, die Gnad' erwacht.
Uns're Feinde sind bezwungen,
Alles, alles ist vollbracht:
Kennt hieraus, ihr Adamserben!
Euer Sünden schwer Gewicht,
Sie zu tilgen, muß Gott sterben,
Und doch scheuet ihr sie nicht.

Seufzer.

O liebenswürdigster Jesu! wer wird mir geben, daß auch ich aus Liebe für Dich sterbe? Laß mich wenigstens der Welt ganz absterben. O, was muß ich von der Welt und ihrer Eitelkeit denken, wenn ich Dich, verlassen und ganz mit Blut bedeckt, am Kreuze hangen sehe! Nimm mich, o Jesu! in dein eröffnetes Herz hinein: Dir gehöre ich ganz und gar zu. Anders nicht, als Dir, o Jesu! verlange ich zu leben und zu sterben.
Vater Unser, ꝛc. Gegrüßet seist, ꝛc.
V. Gekreuzigter Herr Jesus Christus!
R. Erbarme Dich unser!

Dreizehnte Station.
Jesus wird von dem Kreuze abgelöst und in den Schooß Mariä gelegt.
V. Wir beten Dich an, ꝛc.
R. Weil Du durch dein hl. Kreuz, ꝛc.

Betrachtung.

Jesus hat vom Kreuze nicht herabsteigen wollen, sondern ist an demselben gestorben. Da Er aber vom Kreuze herabgenommen ward so hat Er, wie lebendig

also auch todt, in dem Schooße Mariä, seiner liebsten
Mutter, liegen wollen. Sei im Guten beständig,
und laß dich nicht vom Kreuze trennen. Wer bis an's
Ende verharret, der wird selig. Bedenk' dabei auch,
wie rein jenes Herz sein soll, das den zarten Frohn=
leichnam Jesu Christi in dem heiligsten Altarssakrament
aufnehmen will.

Seufzer.

O allerheiligster Jesu! dein entseelter Leichnam,
den Du den Schlägen und der Schmach übergeben,
konnte nur in dem Schooße deiner reinsten Mutter
würdig ruhen. Wie, habe ich Dich nicht schon oft
genöthigt, daß Du mit deinem verherrlichten Leibe
in meinem Herzen, das voll der Sünde und Unreinig=
keit war, wohnen mußtest! Ach, erschaff' in mir ein
neues Herz, daß ich deinen heiligen Leib in dem heili=
gen Altarssakramente würdig empfangen möge: auf
daß Du in mir verbleibest, und ich in Ewigkeit nicht
mehr von Dir getrennt werde.

Vater Unser, 2c. Gegrüßet seist, 2c.

℣. Gekreuzigter Herr Jesus Christus!

℟. Erbarme dich unser!

Vierzehnte Station.
Der heilige Leichnam Christi wird in das Grab gelegt.

℣. Wir beten Dich an, 2c.

℟. Weil Du durch dein hl. Kreuz, 2c.

Betrachtung.

Der heilige Leichnam Christi wird in einem fremden
Grabe begraben. Derjenige, der in diesem Leben nicht

so viel hatte, wo er sein Haupt hinlegte, hatte auch nicht einmal ein eigenes Grab auf dieser Welt, weil Er nicht von dieser Welt war. Du, der du so viel von der Welt hältst, verachte die Welt, damit du nicht mit ihr zu Grunde gehest.

Seufzer.

O Jesu! Du hast mich von der Welt auserwählet: was soll ich dann in der Welt suchen? Du hast mich zu dem Himmel erkauft: was soll ich dann in der Welt verlangen? Sei fern von mir, o Welt, mit deinen Eitelkeiten. Auf dem Kreuzwege, welchen wir mein Heiland und Erlöser mit seinen blutigen Fuß= stapfen gebahnet hat, werde ich meinem Vaterlande, dem Himmel, zueilen. Dort soll meine Wohnung sein in Ewigkeit.

Vater Unser, 2c.   Gegrüßt seist, 2c.
V̕. Gekreuzigter Herr Jesus Christus!
R̕. Erbarme Dich unser!

Seht den Weg hier, der aus Allen
Uns allein zum Himmel führt,
Diesen ließ sich auch gefallen
Unser Haupt und bester Hirt.
Ja, Abtödtung, Kreuz und Leiden
Muß der Christen Antheil sein:
Auf dies folgen Kron und Freuden;
Streitet, sieget, bringt hinein.

Aufopferung.

Allmächtiger, ewiger Gott, barmherziger Vater! der Du deinen eingebornen Sohn, dem menschlichen Ge= schlechte zu einem Beispiele der Demuth, des Gehor=

sams und der Geduld, unser Fleisch hast annehmen
und Ihn mit der Last des Kreuzes auf dem Wege des
Lebens uns hast vorgehen lassen: verleih' gnädig, daß
wir durch diese unendliche Liebe entzündet, das süße
Joch seines Evangeliums und die Abtödtung des
Kreuzes gern auf uns nehmen, und Ihm als seine
treuen Jünger so nachfolgen, daß wir einstens in
der Herrlichkeit mit Ihm auferstehen, und das erfreuliche
Endurtheil hören mögen: „Kommet, ihr Gebenedei=
ten meines Vaters! besitzet das Reich, das für euch
vom Anfange der Welt zubereitet ist," wo Du mit
deinem Sohne und dem heiligen Geiste herrschest, und
wo wir mit Dir ewig zu herrschen hoffen. Amen.

Segensgesänge wie auf Seite 66.

No. 10.   **Fasten=Gesang.**

Jesus! der Du Blut und Leben
Liebevoll am Kreuzesstamm
Für uns Sünder hingegeben,
Segne uns, o Gotteslamm!
Rühre uns're harten Herzen
Bei Erwägung deiner Schmerzen;
Laß uns deine Todespein
Stets zum Heil und Troste sein.

Jesus! Du bist hier zugegen,
Der Du schmerzvoll für uns starbst;
Schenk' uns jenen Gnadensegen,
Den Du sterbend uns erwarbst.
Stärk' uns, unser Kreuz zu tragen;
Tröste uns in unsern Plagen,
Gieb nach dieser Lebenszeit
Uns den Lohn der Ewigkeit.

Rosenkranzandacht für die Armen Seelen.

Bemerkung.

Wenn man bei dem Rosenkranzgebet die darin ent=
haltenen Geheimnisse erwägt, so bringt dieses kräftige
Gebet durch die Wolken hin zum Throne der Barm=
herzigkeit und lindert gar sehr die Leiden der Seelen,
für welche es geopfert wird. Größeren Nutzen bringt
das Gebet, wenn man dabei einen geweihten Rosen=
kranz in den Händen hält, und besonders wenn unser
Rosenkranz mit dem Brigitta=Ablaß versehen ist. Mit
einem solchen Rosenkranz kann man, nebst den gewöhn=
lichen Ablässen, auch bei jedem Körnlein einen Ablaß
von 100 Tagen gewinnen und fürbittweise aufopfern für
die leidenden Seelen. Auch ist es ein großer Gewinn,
wenn man der Rosenkranz Bruderschaft beitretet, weil
man desto mehr Ablässe gewinnen kann, und weil das
gemeinsame Gebet so vieler Christen weit kräftiger ist
als ein privates Gebet.

No. 11.   O Menschenvater!

O Menschenvater! voll der Huld,
Sie' gnädig auf die Deinen,
Die wegen unbezahlter Schuld
Im Rein'gungsorte weinen.
Sie rufen uns um Fürsprach an;
Wir könnens nicht versagen:
Allein wir haben selbst gethan,
Das, was sie nun beklagen.

Vorbereitungsgebet.

Im Namen des Vaters und des Sohnes und des heiligen Geistes. Amen.

O Jesus, Du Sohn des lebendigen Gottes! der Du als das große Versöhnungsopfer für das Heil der Menschen am Kreuze gestorben bist: ich will nun zu deiner Ehre im heiligen Rosenkranz die heiligen Geheimnisse deines Leidens mit dankbarem und gerührtem Herzen betrachten und mein Gebet als eine Fürbitte für die leidenden Seelen im Fegfeuer Dir aufopfern. Aber ich bekenne mit Beschämung und bitterer Reue, daß ich unwürdig bin für die Seelen zu bitten, die in der Ewigkeit nur wegen einigen geringen Makeln dein Angesicht noch nicht schauen dürfen. Verleihe also, o mein Jesu, mir Verzeihung meiner Sünden und den Seelen im Fegfeuer Nachlassung ihrer Strafen, und führe sie ein in die Freuden des Himmels, der Du mit dem Vater und dem hl. Geiste gleicher Gott lebst und regierst in Ewigkeit. Amen.

Ich glaube an Gott, 2c.

Gebet vor dem erſten Geſetzlein.

Ehre, Lob und Anbetung ſei Jeſus Chriſtus, unſerm
Erlöſer, in ſeiner Blutvergießung am Oelberg!
O gütigſter Jeſus! durch dein hl. Gebet um Weg=
nahme des bitteren Leidenskelches, wie auch durch
deinen blutigen Angſtſchweiß, der in großen Tropfen
auf die Erde fiel, bitte ich für die Seelen im Fegfeuer
um baldige Erlöſung aus ihrer Qual.
O hl. Maria, Mutter Gottes! bitte für die leiden=
den Seelen im Fegfeuer, die ſo inſtändig nach der
Anſchauung Gottes verlangen. Bedenke, wie theuer
dein göttlicher Sohn dieſe Seelen erkauft hat, und
erſlehe ihnen die Nachlaſſung ihrer Strafen durch
Jeſus Chriſtus, deinen Sohn, der für uns Blut
geſchwitzt hat.

Vor dem Zweiten Geſetzlein.

Ehre, Lob und Anbetung ſei Jeſus Chriſtus, unſerm
Erlöſer, Der für uns iſt gegeißelt worden.
O Herr Jeſus Chriſtus! durch deine ſchmerzliche
Geißlung und dein dabei vergoſſenes hl. Blut, bitte
ich um Erlöſung der armen Seelen aus dem Fegfeuer.
Laß ſie doch bald zu deiner göttlichen Anſchauung ge=
langen, wo ſie Dich mit allen Heiligen anbeten und
lobpreiſen werden in alle Ewigkeit.
O hl. Mutter Maria! erzeige deine Milde den lei=
benden Seelen im Fegfeuer! Bitte für ſie, daß Gott
ihre ſchmerzvolle Leidenszeit abkürze. Erflehe den
chriſtgläubigen Seelen die ewige Ruhe, durch Jeſus
Chriſtus deinen Sohn, der für uns iſt gegeißelt worden.

Vor dem dritten Gesetzlein.

Ehre, Lob und Anbetung sei Jesus Christus, unserm Erlöser, der für uns ist mit Dornen gekrönt worden.

Göttlicher Heiland! durch deine schmerzliche Krönung mit Dornen bitte ich, erbarme Dich der Seelen im Fegfeuer; ach, verzeihe ihnen ihre Fehler, die sie aus menschlicher Schwachheit begangen haben; schenke ihnen ihre Strafe und kröne sie mit der Krone ewiger Seligkeit.

O liebe Mutter Maria, gedenke deiner großen Be-trübniß, da du deinen geliebten Sohn sahst gekrönt mit den schrecklichen Dornen. Um dieser Betrübniß willen bitte für die leidenden Seelen um Befreiung aus ihrem Kerker, durch deinen Sohn, Jesus, der für uns ist mit Dornen gekrönt worden.

Vor dem vierten Gesetzlein.

Ehre, Lob und Anbetung sei Jesus Christus, unserm Erlöser, der für uns das schwere Kreuz getragen hat.

Göttlicher Heiland, durch deine peinvolle Kreuz-tragung bitte ich Dich Du wollest Dich der armen Seelen im Fegfeuer erbarmen. Ach, gedenke des schmerzlichen Weges, den Du gehen mußtest mit dem schweren Kreuze beladen; gedenke deiner großen Mattigkeit und deines schmerzvollen Niederfallens unter der Kreuzeslast, und um dieser großen Leiden willen tröste die armen Seelen durch baldige Erlösung aus ihrer Pein.

Seligste Jungfrau Maria, gedenke der Angst und Qual, die dein Mutterherz überfallen haben, als du deinem Jesus begegnetest, da Er das schwere Kreuz dahertrug. Ach, liebe Mutter, um des Schmerzes willen, der damals dein Herz durchbohrte, habe Mitleid mit den armen Seelen und bitte für sie durch Jesus, deinen Sohn, der für uns das schwere Kreuz getragen hat.

Vor dem fünften Gesetzlein.

Ehre, Lob und Anbetung sei Jesus Christus, unserm Erlöser, der für uns ist gekreuzigt worden!

O liebster Jesus, ich bete Dich an und ich bitte Dich durch deine peinlichste Kreuzigung am schmäch=lichen Kreuze, Du wollest Dich der armen Seelen gnädig erbarmen, und sie die Trostworte hören lassen: „Heute noch werdet ihr bei Mir im Paradiese sein."

Heilige Mutter Maria, ich weiß dein liebendes Mutterherz nicht kräftiger zum Mitleiden zu bewegen, als wenn ich dich an das Hinscheiden deines geliebten Sohnes erinnere, der in seiner Todesangst den himm=lischen Vater bat: „Vergib ihnen, Vater, sie wissen nicht, was sie thun." So bitte, liebe Mutter, daß die armen Seelen Verzeihung erlangen mögen, und Erlö=sung aus ihrer Pein, durch Jesus, deinen Sohn, der für uns ist gekreuzigt worden.

Aufopferung des Rosenkranzes.

O göttlicher Jesus, ich opfere Dir das hl. Rosen=kranzgebet, welches ich zur Verehrung deines bittern Leidens und Sterbens verrichtet habe, demüthigst auf, in der nämlichen Meinung, mit welcher Du dein Blut und Leben dem himmlischen Vater für der Menschen Erlösung geopfert hast. Und ich bitte durch deine Verdienste und durch dein so häufig vergossenes Blut, Du wollest Dich der leidenden Seelen im Fegfeuer er=

barmen und sie zu Dir in den Himmel hinaufnehmen.
Dort werden sie denn auch für mich beten, daß ich
einstens von den Peinen des Fegfeuers durch die Hülfe
deiner Gnade befreit bleibe: der Du lebst und regierst
mit dem Vater und dem hl. Geiste gleicher Gott, von
Ewigkeit zu Ewigkeit.   Amen.

Herr, unser Fleh'n verwirfst Du nicht,
Wenn wir vor deinen Füßen,
Die Uebertretung uns'rer Pflicht,
Durch wahre Reue büßen.
Drum bitten wir: Begnad'ge die,
Die noch im Fegfeu'r leiden:
Aus ihrem Kerker rette sie,
Nimm sie in deine Freuden.

Sie sind dein Bild, ja, höchstes Gut,
Dich anzuschau'n erkoren;
Es ist der Werth von Jesu Blut
An ihnen nicht verloren.
Die Kirche fleht, in deren Schooß,
Sie durch die Taufe kamen;
Sie schieden, als ihr Aug' sich schloß,
O Herr! in deinem Namen.

Nach dem **O Salutaris**, Seite 66, mag statt an=
derer Gebete, der folgende Psalm **De Profundis**
gesungen werden.

Psalm 129. De Profundis.

De profundis clamavi
ad te Domine: * Domine
exaudi *vocem meam.*

Fiant aures tuæ *inten-
dentes;* * in vocem depre-
cationis meæ.

Si iniquitates observa-
veris, Domine, * Domine,
quis *sustinebit.*

Quia apud te | propiti-
atio est, * et propter le-
gem tuam | sustinu*i te,
Domine.*

Sustinuit anima mea |
in *verbo ejus:* * speravit
anima me*a in Domino.*

A custodia matutina
usque ad noctem: * speret
Israel *in Domino.*

Quia apud Dominum |
misericordia: * et copiosa
apud *eum redemptio.*

Et ipse *redimet Israel,* *
ex omnibus iniqui*tatibus
ejus.*

Requi*em æternam,* * do-
na eis Domine.

Et *lux perpetua* * luceat
:s.

Aus der Tiefe rufe ich zu
Dir, o Herr: * erhöre meine
Stimme.

Laß deine Ohren Acht ha=
ben * auf die Stimme meines
Flehens.

Wenn, Du, o Herr, auf Mis=
sethaten Acht haben wolltest, *
Herr, wer könnte bestehen?

Aber bei Dir ist Versöh=
nung, * und um deines Ge=
setzes willen harre ich auf
Dich, o Herr!

Meine Seele verläßt sich
auf sein Wort; * meine Seele
hofft auf den Herrn.

Von der Morgenwache bis
in die Nacht, * hoffe Israel
auf den Herrn.

Denn bei dem Herrn ist
Barmherzigkeit, * und bei Ihm
ist überreiche Erlösung.

Und er selbst wird Israel
erlösen * von allen seinen
Sünden.

Gib ihnen, o Herr! * die
ewige Ruhe.

Und das ewige Licht *
leuchte ihnen.

Tantum Ergo, Seite 66.

Herz Jesu Andacht.

No. 12.

Dem Herzen Jesu singe
Mein Herz in Liebeswonn';
Durch alle Wolken bringe
Der laute Jubelton.
Gelobt, gebenedeit soll sein zu jeder Zeit,
Das heiligste Herz Jesu, in alle Ewigkeit!
Das heiligste Herz Jesu, in alle Ewigkeit.

O Herz, für mich gebrochen,
Aus übergroßer Huld;
Von einer Lanz' durchstochen,
Ob meiner Sündenschuld.
Gelobt, gebenedeit, u. s. w., wie oben.

℣. Im Namen des Vaters, ꝛc.
℣. Anbetungswürdigstes, heiligstes und liebens=
würdigstes Herz Jesu, das Du hier im heiligsten
Altars=Sakramente zugegen bist, wir werfen uns als
reumüthige Sünder vor Dir nieder, um deine unend=
liche Erbarmung anzuflehen, um Dir im Angesichte
des Himmels und der Erde wegen unserer vielen Ver=
gehungen feierlichst Abbitte zu thun.
O mildester und liebreichster Erlöser, verleihe uns,
daß unser Herz deinem Herzen stets gleichförmig sein
möge, auf daß wir nie etwas anderes wollen, als was

Du willst. O süßestes Herz Jesu, laß uns Dich lieben aus ganzem Herzen und über alles nun und in Ewigkeit. — R⁊. Amen.

Ich glaube an Gott den Vater, 2c.

Das erste Gesetz.

V⁊. O erbarmungsreiches Herz Jesu, das immer dürstet nach dem Heile der Seelen, durchglühe mit den Flammen deiner Liebe unsere kalten und verhärteten Herzen, damit wir nicht unbußfertig dahinsterben. R⁊. Amen. — Vater Unser, 2c.

V⁊. O göttliches Herz Jesu, erbarme Dich unser!

R⁊. Auf daß wir würdig werden, Dich von ganzem Herzen zu lieben.

V⁊. Herr, erhöre unser Gebet

R⁊. Und laß unser Rufen zu Dir kommen!

V⁊. O Jesus, dein göttliches Herz ist für Sünder voll Erbarmung, darum wird unser Herz mit Hoffnung erfüllt, daß auch wir Vergebung bei Dir finden werden. Ach, wie viele und schwere Sünden haben wir begangen! Jetzt aber verabscheuen und beweinen wir dieselben, weil wir dadurch Dich, unser höchstes Gut, beleidiget haben. Verzeihe uns all' unsere Sünden und verleihe uns ein zerknirschtes Herz und die Gnade, lieber zu sterben, als Dich durch eine schwere Sünde zu beleidigen, der Du lebst und regierst, Gott von Ewigkeit zu Ewigkeit. — R⁊. Amen.

Das zweite Gesetz.

V⁊. O demüthigstes Herz Jesu, das den Stolzen widersteht, den Demüthigen aber nahe ist, vertilge

allen Hochmuth aus unsern Herzen, damit wir zu den
wahrhaft Demüthigen gehören mögen, denen das
Himmelreich verheißen ist. — ℞. Amen.

Vater Unser, ꝛc.

℣. O göttliches Herz Jesu, ꝛc. (wie oben.)

℣. O Jesus, wir preisen dein demüthiges Herz und
danken Dir, daß Du uns dasselbe zum Vorbilde ge=
geben hast. Verzeihe uns unsere Sünden und laß
uns nicht mehr Sclaven des Stolzes sein, sondern
demüthig Dir in deiner Erniedrigung nachfolgen, auf
daß wir auch zu deiner Herrlichkeit gelangen mögen,
der Du lebst und regierst, Gott von Ewigkeit zu
Ewigkeit. — ℞. Amen.

Das dritte Gesetz.

℣. O geduldigstes Herz Jesu, das Leiden und
Schmach mit Stillschweigen ertrug, verleihe uns die
Gnade der Gottergebenheit in allen Vorkommnissen
des Lebens, damit wir am Tage des Gerichtes die
Früchte heiliger Gebuld aufzuweisen haben.

℞. Amen. — Vater Unser, ꝛc.

℣. O göttliches Herz Jesu, ꝛc. (wie oben.)

℣. O Jesus, bei dem Anblicke der unüberwindlichen
Gebuld, womit dein göttliches Herz das bitterste Lei=
den ertragen hat, bitten wir Dich, verleihe uns die
Gnade, deinen heiligen Fußstapfen mit Gottergeben=
heit in allem Kreuz und Leiden, das Du uns auflegst,
zu folgen, der Du lebst und regierst, Gott von Ewig=
keit zu Ewigkeit. — ℞. Amen.

Das vierte Gesetz.

℣. O versöhnlichstes Herz Jesu, das für seine
grausamen Feinde am Kreuze gebetet hat: „Vater,

vergib ihnen, denn sie wissen nicht, was sie thun!" — gib auch uns ein stets versöhnliches Herz, daß wir allen unsern Beleidigern von Herzen verzeihen, die= jenigen lieben, die uns hassen, und für diejenigen beten, die uns verfolgen. — ℞. Amen.

℣. O göttliches Herz Jesu, ꝛc. (wie oben.)

℣. O Jesus, wenn wir dein versöhnliches Herz preisen, wie tief muß uns dann der Anblick unsres eigenen Herzens beschämen! — Bei der geringsten Be= leidigung wird unser Herz oft zum Zorne gereizt und mit feindseligen Gesinnungen angefüllt. Verzeihe uns, o Jesus, unsere Sünden; reinige unsere Herzen von allem, was sie deinem Herzen ungleichförmig macht, damit wir in allen Umständen des Lebens durch Versöhnlichkeit Dir nachfolgen, der Du lebst und re= gierst, Gott von Ewigkeit zu Ewigkeit. — ℞. Amen.

Das fünfte Geset.

℣. O allerkeuschestes Herz Jesu, verleihe uns die himmlische Gabe der Reinheit des Leibes und der Seele, damit wir zu den himmlischen Schaaren ge= hören und Gott anschauen mögen ewiglich.—℞. Amen.

℣. O göttliches Herz Jesu, ꝛc. (wie oben.)

℣. O Jesus, dein göttliches Herz ist die Quelle aller Reinigkeit. Laß aus dieser Quelle die Liebe zur Keuschheit in unsere Herzen herüberfließen, auf daß wir mit deiner Gnade alles Unreine davon ferne hal= ten. O Du heiligster Spender der Reinigkeit, der Du die keuschen Seelen liebst, feßle alle unsere Be= gierden und Neigungen durch das Band der keusche= sten Liebe an Dich, und gestatte nicht, daß sie Dir

jemals entrissen werden, der Du lebst und regierst,
Gott von Ewigkeit zu Ewigkeit. — R. Amen.

> O Herz, in lauter Flammen,
> Von Liebe ganz verzehrt,
> In dieses Herzens Namen
> Wird Alles mir gewährt.
> Gelobt, gebenedeit, soll sein zu jeder Zeit,
> :,: Das heiligste Herz Jesu, in alle Ewigkeit. :,:

No. 13.   Gesang.

> O Herz Jesu, Sitz der Liebe,
> Zieh' mein Herz mit gleichem Triebe
> Zu Dir hin, o höchstes Gut!
> Laß es sein wie Du gewesen
> Ein Altar der unverwesen
> Brenn' vor reiner Liebesgluth.

Hierauf **O Salutaris**, Seite 66.

Zwölf Versprechungen,

die der göttliche Heiland für alle diejenigen Seelen gemacht hat, welche die Andacht zu seinem heiligsten Herzen lieben:

1. Ich will ihnen alle, ihrem Stande nothwendigen Gnaden geben.

2. Ich werde ihren Familien den Frieden schenken.

3. Ich werde sie in allen ihren Leiden trösten.

4. Ich werde ihre sichere Zufluchtsstätte während ihres Lebens und besonders bei ihrem Tode, sein.

5. Ich werde überreichen Segen über alle ihre Unternehmungen ausgießen.

6. Die Sünder werden in meinem Herzen die Quelle und das unendliche Meer der Barmherzigkeit finden.

7. Die lauen Seelen werden eifrig werden.

8. Die eifrigen Seelen werden sich sehr schnell zu einer hohen Stufe der Vollkommenheit erheben.

9. Ich werde sogar die Wohnungen segnen, in denen das Bildniß meines hl. Herzens ausgesetzt und verehrt wird.

10. Den Priestern will Ich die Gabe verleihen, die verhärtesten Herzen zu rühren.

11. Die Namen aller derjenigen, welche diese Andacht zu verbreiten suchen, sollen in meinem Herzen eingeschrieben sein, um nie wieder daraus gelöscht zu werden.

12. Allen Jenen, die während neun aufeinander folgenden Monaten an dem ersten Freitage derselben mir zu Liebe die hl. Kommunion würdig empfangen werden, will Ich verleihen, daß sie vor ihrem Tode gestärkt werden mit den Sakramenten der Sterbenden.

Litanei vom heiligsten Herzen Jesu.

Herr, erbarme Dich unser!
Christus, erbarme Dich unser!.
Christus, höre uns! — Christus, erhöre uns!
Gott Vater vom Himmel, erbarme Dich unser!
Gott Sohn, Erlöser der Welt, *)
Gott heiliger Geist,
Heilige Dreifaltigkeit, ein einiger Gott,
Allerheiligstes Herz Jesu im hochwürdigsten Sacra=
    mente des Altars,
Herz Jesu, vereinigt mit der Person des Sohnes Gottes,
Herz Jesu, gebildet aus der jungfräulichen Mutter,
Herz Jesu, Du Krone aller Werke Gottes,
Herz Jesu, Du Wohlgefallen des himmlischen Vaters,
Herz Jesu, Du herrlicher Tempel des heiligen Geistes,
Herz Jesu, Du Paradies göttlicher Wonne,
Herz Jesu, Du Tiefe aller Weisheit und Wissenschaft
    Gottes,
Herz Jesu, Du Abgrund der göttlichen Barmherzigkeit,
Herz Jesu, Du unerschöpflicher Gnadenstrom der die
    Stadt Gottes erfreut,
Du Herz unseres himmlischen Königs,
Du Herz unseres göttlichen Meisters,
Du Herz unseres guten Hirten,
Du Herz unseres mildesten Bruders,
Du Herz unseres treuesten Freundes,
Du Herz unseres liebreichsten Seelenbräutigams,

---

*) Erbarme Dich unser!

Herz Jesu, Du feuriger Quell göttlicher Liebe, die uns
  entzünden will, erbarme Dich unser!

Herz Jesu, Du Born heiliger Begierden, rechter Rath=
  schläge und gerechter Werke,

Jerz Jesu, Du freudiger Aufenthalt reiner Seelen,

Herz Jesu, Du Spiegel der Sanftmuth und Demuth,

Herz Jesu, Du Vorbild aller Vollkommenheit,

Herz Jesu, Du Zuflucht in Versuchungen und Trüb=
  salen,

Herz Jesu, Du feste Burg im Tode,

Herz Jesu, für uns am Oelberge bis zum Tode betrübt,

Herz Jesu, gebrochen von Schmerz über unsere Sünden,

Herz Jesu, im Tode mit der Lanze durchbohrt,

Göttliches Herz, Du Altar der Versöhnung,

Göttliches Herz, in dem allein unser Herz hier Ruhe
  findet,

Göttliches Herz, Du Seligkeit aller Auserwählten im
  Himmel,

Sei uns gnädig, verschone uns, o Herz Jesu!

Sei uns gnädig, erhöre uns, o Herz Jesu!

Von allen Sünden, erlöse uns, o Herz Jesu!

Von aller Verachtung deiner heiligen Einflößungen,*)

Von aller Unandacht und Lauigkeit in deinem heiligen
  Dienste,

Von aller Undankbarkeit gegen deine göttliche Liebe

Von allen unreinen Gedanken und Begierden,

Von aller Herzlosigkeit gegen unsern Nächsten,

Von aller Blindheit und Verstocktheit des Herzens,

Durch deine wunderbare Sanftmuth und Demuth,

Durch deine barmherzige Liebe gegen die Sünder,

Durch deine vollkommenste Reinigkeit,

---

*) Erlöse uns, o Herz Jesu!

Durch dein heiliges, verborgenes Leben, erlöse uns, o
Herz Jesu!

Durch deinen Gehorsam bis zum Tode des Kreuzes,

Durch das Blut und Wasser, das Du zu unserer Rei=
nigung und Heiligung vergossen hast,

Wir arme Sünder, wir bitten Dich, erhöre uns!

Daß Du deine heilige und keusche Liebe in unsere Her=
zen ergießen wollest, *)

Daß Du unsere Herzen zur Nachahmung deiner Tu=
genden anziehen wollest,

Daß Du uns wahre Demuth, Sanftmuth und inner=
lichen Frieden verleihen wollest,

Daß Du alle Gedanken und Begierden unseres Herzens
reinigen und heiligen wollest,

Daß Du uns und alle Menschen erleuchten und zur
Erkenntniß deiner göttlichen Liebe führen wollest,

Daß Du in den Trübsalen dieses Lebens uns barm=
herzig erquicken und stärken wollest,

Daß Du deine heilige Liebe immerdar in uns ver=
mehren wollest,

Daß Du in der Stunde des Todes unsere Seelen in
deiner heiligen Wunde verbergen wollest,

Daß Du uns in die Glorie deiner Auserwählten auf=
nehmen wollest,

O süßestes Herz Jesu,

O Du Lamm Gottes, welches Du hinwegnimmst die
Sünden der Welt, verschone uns, o Herz Jesu!

O Du Lamm Gottes, welches Du hinwegnimmst die
Sünden der Welt, erhöre uns, o Herz Jesu!

O Du Lamm Gottes, welches Du hinwegnimmst die
Sünden der Welt, erbarme Dich unser, o Herz Jesu!

---

*) Wir bitten Dich, erhöre uns!

Chriſtus, höre uns!
Chriſtus, erhöre uns!
Herr, erbarme Dich unſer.
Chriſtus, erbarme Dich unſer!
Herr, erbarme Dich unſer!
Vater Unſer, ꝛc. Gegrüßt ſeiſt Du, ꝛc.
℣. Allerheiligſtes Herz Jeſu, erbarme Dich unſer!
℟. Auf daß wir würdig werden, Dich von ganzem Herzen zu lieben.
℣. Komm, o Herr, deinen Dienern zu Hilfe,
℟. Die Du durch dein koſtbares Blut erlöſet haſt!
℣. Herr, erhöre unſer Gebet
℟. Und laß unſer Rufen zu Dir kommen.
℣. Wir bitten Dich, allmächtiger Gott, daß wir, die wir in dem heiligſten Herzen beines geliebteſten Sohnes uns rühmen und der unendlichen Wohlthaten ſeiner Liebe gegen uns in Andacht gedenken, durch die Früchte und die Wirkungen derſelben zugleich erquickt werden.

O barmherzigſter Gott, wir bitten Dich, ſiehe gnädig auf das Herz deines geliebteſten Sohnes, an welchem Du dein Wohlgefallen haſt; — durch die Betrübniſſe ſeines heiligſten Herzens, welche Er unſertwegen erbuldet, und durch die würdigen Genugthuungen, welche Er Dir für uns geleiſtet hat, laß Dich verſöhnen, und verleihe uns, die wir mit zerknirſchtem Herzen Dich bitten, Verzeihung unſerer Sünden; — und entzünde unſere Herzen mit einer ſo großen Liebe gegen unſern Heiland, daß wir, ganz von den Liebesflammen ſeines göttlichen Herzens entbrannt, allezeit deinem Herzen gemäß befunden werden mögen; durch denſelben Jeſum Chriſtum, unſern Herrn. — ℟. Amen.

Tantum Ergo, u. ſ. w., wie auf Seite 66.

Beim Segen mit dem hochwürdigsten Gut.

No. 14.   O Salutaris Hostia.

O Salutaris Hostia,

Quæ cœli pandis ostium:
Bella premunt hostilia:
Da robur, fer auxilium.

Uni trinoque Domino,

Sit sempiterna gloria:

Qui vitam sine termino,
Nobis donet in patria.
Amen.

O gnadenreiches Opferlamm,
Zum Himmel führt dein Kreuzesstamm!
Noch drückt uns hier des Feindes Krieg,
Gib Hilf, o Herr, gib Kraft und Sieg!

Dem Einigen Gott, dreifaltig groß,
Sei Dank und Ehre grenzenlos!
Gib Leben, Herr, gib Seligkeit
Im Vaterland, in Ewigkeit! Amen.

No. 15.   Tantum Ergo Sacramentum.

Tantum ergo sacramentum,
Veneremur cernui;
Et antiquum documentum
Novo cedat ritui;

Præstet fides supplementum,
Sensuum defectui.

Laßt uns tief gebeugt verehren
Dies erhab'ne Sakrament!
Und der Brauch der alten Lehren
Weich' dem neuen Testament.
Voller Glaube wird gewähren,
Was der Sinn hier nicht erkennt

Genitori, Genitoque,

Laus et jubilatio,

Salus honor, virtus quoque,
Sit et benedictio:

Procedenti ab utroque,

Compar sit laudatio.
Amen.
℣. Panem de cœlo præstitisti eis. (Alleluja.)
℟. Omne delectamentum in se habentem. (Alleluja.)
OREMUS.—Deus qui nobis sub Sacramento mirabili passionis tuæ memoriam reliquisti: tribue, quæsumus: ita nos corporis et sanguinis tui sacra mysteria venerari, ut redemptionis tuæ fructum in nobis jugiter sentiamus. Qui vivis et regnas in sæcula sæculorum.
℟. Amen.

Gott dem Vater, Gott dem Sohne
Singet Christen hocher=
freut!
Gott dem Geiste, gleicher Größe,
Gleicher Kraft und Herr=
lichkeit,
Sei von uns auf gleiche Weise
Ehre, Lob und Preis ge=
weiht. Amen.
℣. Du hast ihnen Brod vom Himmel gegeben.
℟. Das alle Süßigkeit in sich begreift.
OREMUS.—O Gott, der Du uns in diesem wunderbaren Sakramente ein ewiges Denk=
mal deines Leidens hinter=
lassen hast: verleihe uns, wir bitten Dich, die hl. Ge=
heimnisse deines Leibes und Blutes so zu verehren, daß wir die Früchte deiner Erlö=
sung immerdar in uns em=
pfinden, der Du lebst und re=
gierst von Ewigkeit zu Ewig=
keit.
℟. Amen.

Sühngebet für das gottlose Fluchen und Schwören.

Gebenedeit sei Gott.
Gebenedeit sei sein heiliger Name.
Gebenedeit sei Jesus Christus, wahrer Gott und wahrer Mensch.
Gebenedeit sei der Name Jesus.

Gebenedeit sei Jesus im allerheiligsten Sakramente des Altars.

Gebenedeit sei die große und heiligste Mutter Gottes, Maria.

Gebenedeit sei ihre heilige und unbefleckte Empfäng= niß.

Gebenedeit sei der Name Maria, der Jungfrau und Mutter.

Gebenedeit sei Gott in seinen Engeln und Heiligen.

Psalm 116. Laudate Dominum.

Laudate Dominum omnes gentes: * laudate eum omnes populi.

Quoniam confirmata est super nos | misericordia ejus: * et veritas Domini | manet in æternum.

Gloria Patri | et Filio, * et Spiritui Sancto.

Sicut erat in principio ‖ et nunc et semper: * et in sæcula sæculorum. Amen.

Lobet den Herrn, alle Völ= ker: * lobet ihn alle Natio= nen.

Denn es ist bestätiget über uns seine Barmherzigkeit: * und die Wahrheit des Herrn bleibt in Ewigkeit.

Ehre sei dem Vater und dem Sohne, * und dem heili= gen Geiste.

Wie es war im Anfange, jetzt und allezeit, * und in alle Ewigkeit. Amen.

No. 16. Te Deum Laudamus.

Großer Gott, wir loben Dich,
Herr, wir preisen deine Stärke!
Vor Dir neigt die Erde sich,
Und bewundert deine Werke!
:‚:Wie Du warst vor aller Zeit,
So bleibst Du in Ewigkeit!:‚:

Alles, was Dich preiſen kann,
Cherubim und Seraphinen,
Stimmen Dir ein Loblied an;
Alle Engel, die Dir dienen,
:,: Ruſen Dir ſtets ohne Ruh'
Heilig, Heilig, Heilig zu! :,:

℣. Benedicamus Patrem, et Filium, | cum Sancto Spiritu.
℟. Laudemus, et superexaltemus eum | in sæcula.
℣. Benedictus es, Domine, | in firmamento cœli.
℟. Et laudabilis, et gloriosus, | et superexaltatus in sæcula.
℣. Domine, exaudi orationem meam.
℟. Et clamor meus ad te veniat.
℣. Dominus vobiscum.
℟. Et cum spiritu tuo.

OREMUS.—Deus, cujus misericordiæ non est numerus, et bonitatis infinitus est thesaurus: piissimæ majestati tuæ pro collatis donis gratias agimus; tuam semper clementiam exorantes, ut, qui petentibus postulata concedis, eosdem non deserens ad præmia futura disponas. Per Christum Dominum nostrum.
℟. Amen.

Abendgebet.

(Vom gottseligen Nikolaus Wolf.)

Vater unser, der Du bist im Himmel, der Du für mich auf Erden diesen Tag väterlich gesorgt hast! Geheiligt und gepriesen sei dein heiliger Name für die Guttaten dieses Tages!

Ist der heutige Tag mir und Andern der letzte des Lebens, so ist dieß meine letzte Bitte: Zukomme uns dein Reich! Willst Du, daß ich diese Nacht sterbe, so sei es, Vater! Dein Wille geschehe, wie im Himmel, also auch auf Erden!

Nur um das bitte ich Dich: Gib uns heute unser tägliches Brod; nicht so sehr für den Leib, sondern vielmehr für die Seele, nämlich die Gnade, die Sünden dieses Tages zu erkennen, zu bereuen und abzubüßen.

Hier erforsche dein Gewissen, und denke nach was du heute Böses gethan oder schuldiges Gute unterlassen hast.

O mein Vater! wie böse war ich diesen Tag, da Du doch so gut gegen mich warst! Erbarme Dich meiner und aller Sünder! Vergib uns unsere Schulden, wie auch ich allen meinen Schuldigern von Herzen vergebe, die mich diesen Tag beleidigt haben. Es reuet mich, o höchstes Gut, daß ich Dir heute nicht gedient habe; aus Liebe zu Dir reuet es mich. Hinfüro, koste es was es wolle, will ich Dir von ganzem Herzen dienen.

Führe uns nicht in Versuchung, Vater! Diese Nacht beschütze mich, damit ich mit heiligen Gedanken zu Dir aufwache.

Erlöse uns von allem Uebel der Sünde, von allen sichtbaren und unsichtbaren Feinden, von allen quälenden Uebeln der Seele und des Leibes, besonders aber von dem Tode in der Sünde. Amen.

Gegrüßet seist du, Maria, voll der Gnaden! Deiner mütterlichen Gnade empfehle ich mich diese Nacht. Der Herr ist mit dir, segne mich durch Ihn, da ich schlafe. Du bist gebenedeit unter den Weibern von allen Heiligen im Himmel, und gebenedeit ist die Frucht deines Leibes, Jesus Christus: in dessen offenes, heiliges Herz empfehle ich meine arme Seele.

Heilige Maria, Mutter Gottes! bitt' für mich armen Sünder, daß ich mit heiligen Gedanken einschlafe. Und wenn ich diese Nacht sterben sollte, so bitt' für mich armen Sünder, jetzt und in der Stunde meines Todes. Amen.

O heiliger Schutzengel, streite für mich! O heiliger Namenspatron, bitt' für mich! O Herr, gib den armen Seelen die ewige Ruhe! Ihnen schenke ich aus christlicher Liebe alle Verdienste dieses Tages. Amen.

Vater unser, 2c. Gegrüßt seist Du, 2c.

V̅. Herr, gib den armen Seelen die ewige Ruhe.

R̅. Und das ewige Licht leuchte ihnen.

V̅. Laß' sie ruhen im Frieden. Amen.

No. 17.

Jetzt leg' ich mich zur Ruh,
Mein Herz spricht froh dazu:
Gelobt sei Jesus Christus. :,:

So betend schlaf ich ein,
Gott wird mein Schützer sein.
:,: Gelobt sei Jesus Christus. :,:

Litanei von allen Heiligen.

Kyrie eleison,
Christe eleison,
Kyrie eleison.
Christe audi nos. Christe
exaudi nos.
Pater de cœlis Deus,
Miserere nobis.
Fili Redemptor mundi
Deus, Miserere nobis.
Spiritus Sancte Deus,
Miserere nobis.
Sancta Trinitas, unus Deus, Miserere nobis.
Sancta Maria, — Ora pro
nobis.
Sancta Dei Genitrix,
Sancta Virgo Virginum,

Sancte Michael,
Sancte Gabriel,
Sancte Raphael,
Omnes Sancti Angeli, et
Archangeli,—Orate, etc.
Omnes sáncti beatorum
spirituum ordines, —
Orate.
Sancte Joannes Baptista,
—Ora.
Sancte Joseph,
Omnes sancti Patriarchæ
et Prophetæ,—Orate.
Sancte Petre, Ora, etc.
Sancte Paule,
Sancte Andrea,
Sancte Jacobe,
Sancte Joannes,

Herr, erbarme Dich unser!
Christe, erbarme Dich unser!
Herr, erbarme Dich unser!
Christe, höre uns!
Christe, erhöre uns!
Gott, Vater im Himmel,
Erbarme Dich unser!
Gott, Sohn, Erlöser der Welt,
Erbarme, 2c.
Gott, heiliger Geist,
Erbarme, 2c.
Hl. Dreifaltigkeit, ein einiger
Gott, — Erbarme, 2c.
Heilige Maria, — Bitt' für
uns.
Heilige Gottesgebärerin,
Heilige Jungfrau aller Jung=
frauen,
Heiliger Michael,
Heiliger Gabriel,
Heiliger Raphael,
Alle heiligen Engel und. Erz=
engel, — Bittet, 2c.
Alle heiligen Chöre der seligen
Geister, — Bittet.

H. Johannes, der Täufer, —
Bitt'.
H. Joseph,
Alle heiligen Patriarchen und
Propheten, — Bittet.
H. Petrus, — Bitt' für uns!
H. Paulus,
H. Andreas,
H. Jacobus,
H. Johannes,

Sancte Thoma, Ora, etc.   H. Thomas, — Bitt' für uns.
Sancte Jacobe,   H. Jacobus,
Sancte Philippe,   H. Philippus,
Sancte Bartholomæe,   H. Bartholomäus,
Sancte Matthæe,   H. Matthäus,
Sancte Simon,   H. Simon,
Sancte Thaddæe,   H. Thaddäus,
Sancte Matthia,   H. Matthias,
Sancte Barnaba,   H. Barnabas,
Sancte Luca,   H. Lucas,
Sancte Marce,   H. Marcus,
Omnes sancti Apostoli et Evangelistæ, Orate.   Alle hl. Apostel und Evangelisten, — Bittet, 2c.
Omnes sancti Discipuli Domini, Orate.   Alle heiligen Jünger des Herrn, — Bittet.
Omnes sancti Innocentes, Orate.   Alle heiligen unschuldigen Kindlein, — Bittet.
Sancte Stephane, Ora.   H. Stephanus, — Bitt', 2c.
Sancte Laurenti,   H. Laurentius,
Sancte Vincenti,   H. Vincentius,
Sancti Fabiane et Sebastiane, Orate.   H. Fabianus und Sebastianus, — Bittet.
Sancti Joannes et Paule, Orate.   H. Johannes und Paulus, — Bittet.
Sancti Cosma et Damiane, Orate.   H. Cosmas und Damianus, — Bittet.
Sancti Gervasi et Protasi,   H. Gervasius und Protasius,
Omnes sancti Martyres,   Alle heiligen Märtyrer,
Sancte Sylvester, Ora.   H. Shlvester, — Bitt.
Sancte Gregori,   H. Gregorius,
Sancte Ambrosi,   H. Ambrosius,
Sancte Augustine,   H. Augustinus,
Sancte Hieronyme,   H. Hieronymus,
Sancte Martine,   H. Martinus,
Sancte Nicolae,   H. Nicolaus,
Omnes Sancti Pontifices et Confessores, Orate.   Alle heiligen Bischöfe und Bekenner,
Omnes sancti Doctores,   Alle heiligen Kirchenlehrer,
Sancte Antoni, Ora.   H. Antonius,
Sancte Benedicte,   H. Benedictus,
Sancte Bernarde,   H. Bernardus,

Sancte Dominice, Ora. | H. Dominicus, — Bitt' 2c.
Sancte Francisce, | H. Franciscus,
Omnes sancti Sacerdotes et Levitæ, Orate. | Alle heiligen Priester und Leviten,
Omnes sancti Monachi, et Eremitæ, Orate. | Alle heiligen Mönche und Einsiedler,
Sancta Maria Magdalena, Ora. | H. Maria Magdalena,
Sancta Agatha, | H. Agatha,
Sancta Lucia, | H. Lucia,
Sancta Agnes, | H. Agnes,
Sancta Cæcilia, | H. Cäcilia,
Sancta Catharina, | H. Katharina,
Sancta Anastasia, | H. Anastasia,
Omnes sanctæ Virgines, et Viduæ, Orate. | Alle heiligen Jungfrauen und Wittwen,
Omnes sancti et sanctæ Dei, Intercedite pro nobis. | Alle Heiligen Gottes,

Propitius esto, Parce nobis, Domine. | Sei uns gnädig! — Verschone uns, o Herr!
Propitius esto, Exaudi nos Domine. | Sei uns gnädig! — Erhöre uns, o Herr!
Ab omni malo, Libera nos Domine. | Von allem Uebel, — Erlöse uns, o Herr!
Ab omni peccato, Libera. | Von aller Sünde,
Ab ira tua, | Von deinem Zorne,
A subitanea et improvisa morte, | Von einem jähen und unversehenen Tode,
Ab insidiis diaboli, | Von den Nachstellungen des Teufels,

Ab ira et odio, et omni mala voluntate, | Von Zorn, Haß und allem bösen Willen,
A spiritu fornicationis, | Vom Geiste der Unreinigkeit,
A fulgure et tempestate, | Von Blitz und Ungewitter,
A flagello terræmotus, | Von der Geißel des Erdbebens,
A peste, fame et bello, | Von Pest, Hunger und Krieg,
A morte perpetua, | Vom ewigen Tode,
Per mysterium sanctæ incarnationis tuæ, | Durch das Geheimniß deiner heiligen Menschwerdung,
Per adventum tuum, | Durch deine Ankunft,

Per nativitatem tuam,
  Libera nos Domine.
Per baptismum, et sanc-
  tum jejunium tuum,
Per crucem, et passionem
  tuam,
Per mortem, et sepultu-
  ram tuam,
Per sanctam resurrecti-
  onem tuam,
Per admirabilem ascen-
  sionem tuam,
Per adventum Spritus
  sancti Paracliti,
In die judicii,
Peccatores, Te rogamus,
  audi nos.
Ut nobis parcas,

Ut nobis indulgeas,
Ut ad veram pœnitentiam
  nos perducere digneris,
Ut ecclesiam tuam sanc-
  tam | regere et conser-
  vare digneris,
Ut domnum Apostoli-
  cum | et omnes ecclesi-
  asticos ordines | in
  sancta religione conservare digneris,
Ut inimicos sanctæ Eccle-
  siæ humilare digneris,

Ut regibus et principibus
  christianis | pacem et
  veram concordiam do-
  nare digneris,
Ut cuncto populo christi -
  ano | pacem et unitatem
  largiri digneris,

Durch deine Geburt — Erlöse
  uns, o Herr!
Durch deine Taufe und dein
  heiliges Fasten
Durch dein Kreuz und Lei-
  den
Durch deinen Tod und dein
  Begräbniß
Durch deine heilige Aufersteh-
  ung
Durch deine wunderbare Him-
  melfahrt
Durch die Ankunft des heili-
  gen Geistes, des Trösters,
Am Tage des Gerichtes
Wir Sünder, — Wir bitten
  Dich, erhöre uns
Daß Du uns verschonest, —
  Wir bitten Dich, 2c.
Daß Du uns verzeihest,
Daß Du uns zur wahren
  Buße führen wollest,
Daß Du deine heilige Kirche
  regieren und erhalten wol-
  lest,

Daß Du den apostolischen
  Oberhirten und alle geist-
  lichen Stände in der heiligen Religion erhalten
  wollest,
Daß Du die Feinde deiner
  heiligen Kirche demüthigen
  wollest,
Daß Du den christlichen Königen und Fürsten Frieden
  und wahre Eintracht verleihen wollest,
Daß Du dem ganzen christ-
  lichen Volke Frieden und
  Einigkeit schenken wollest,

Ut nosmetipsos in tuo sancto servitio | confortare et conservare digneris, Te rogamus, etc.

Ut mentes nostras ad coelestia desideria erigas,

Ut omnibus benefactoribus nostris | sempiterna bona retribuas,

Ut animas nostras | fratrum, propinquorum et benefactorum nostrorum | ab æterna damnatione eripias,

Ut fructus terræ dare et conservare digneris,

Ut omnibus fidelibus defunctis | requiem æternam donare digneris,

Ut nos exaudire digneris, Fili Dei,

Agnus Dei, qui tollis peccata mundi,
    Parce nobis Domine.

Agnus Dei, qui tollis peccata mundi,
    Exaudi nos Domine.

Agnus Dei, qui tollis peccata mundi,
    Miserere nobis.

Christe audi nos. Christe exaudi nos.

Kyrie eleison.

Christe eleison.

Kyrie eleison.

Pater noster, *secreto.*

℣. Et ne nos inducas in tentationem,

℟. Sed libera nos a malo.

Daß Du uns in deinem heiligen Dienste stärken und erhalten wollest, — Wir bitten Dich, erhöre uns!

Daß Du unsere Gemüther zu himmlischen Begierden erheben wollest,

Daß Du alle unsere Wohlthäter mit ewigen Gütern belohnen wollest,

Daß Du die Seelen unserer Brüder, Anverwandten und Wohlthäter von der ewigen Verdammniß bewahren wollest,

Daß Du die Früchte der Erde geben und bewahren wollest,

Daß Du allen abgestorbenen Christgläubigen die ewige Ruhe verleihen wollest,

Daß Du uns erhören wollest, Du Sohn Gottes!

O Du Lamm Gottes, welches Du hinwegnimmst die Sünden der Welt, — Verschone uns, o Herr!

O Du Lamm Gottes, 2c. — Erhöre uns, o Herr!

O Du Lamm Gottes, 2c.— Erbarme Dich unser, o Herr!

Christe, höre uns! — Christe, erhöre uns!

Herr, erbarme Dich unser!

Christe, erbarme Dich unser!

Herr, erbarme Dich unser!

Vater Unser, 2c.

℣. Und führe uns nicht in Versuchung,

℟. Sondern erlöse uns vom Uebel.

℣. O Gott, merke auf meine Hilfe; Herr, eile mir zu helfen.

℟. Schamroth und zu Schanden sollen werden, die meiner Seele nachstellen.

℣. Es sollen zurückweichen und beschämt werden, die mir Uebels wollen.

℟. Sie müssen alsbald schamroth sich entfernen, die meiner Trübsal spotten.

℣. Aber Alle, die Dich suchen, sollen frohlocken und sich in Dir erfreuen; und die dein Heil lieben, sollen immerdar sagen: Hochgelobt sei der Herr!

℟. Ich aber bin elend und arm: Du, o Gott, stehe mir bei!

℣. Du bist mein Helfer und Erretter: o Gott, säume nicht mit deiner Hilfe!

Ehre sei dem Vater, ꝛc.

℣. Hilf deinen Dienern,

℟. Mein Gott, die auf Dich hoffen.

℣. Sei uns, o Herr! ein fester Thurm

℟. Vor dem Angesichte des Feindes.

℣. Nichts soll der Feind über uns vermögen,

℟. Und der Sohn ser Bosheit möge uns nicht schaden.

℣. Herr! thue uns nicht nach unsern Sünden,

℟. Und vergilt uns nicht nach unsern Missethaten.

℣. Laßt uns beten für unsern Papst N.

℟. Der Herr erhalte, belebe und beselige ihn auf Erden und übergebe ihn nicht dem Willen seiner Feinde.

℣. Laßt uns beten für unsere Wohlthäter.

℟. Herr! belohne Alle, die uns Gutes thun, um deines Namens willen, mit dem ewigen Leben.

℣. Laßt uns beten für die abgestorbenen Christ=
gläubigen.

℟. Herr, gieb ihnen die ewige Ruhe, und das ewige
Licht leuchte ihnen.

℣. Laß sie ruhen in Frieden.

℟. Amen.

℣. Lasset uns beten für unsere abwesenden Brüder.

℟. O Gott! hilf' deinen Dienern, die auf Dich
hoffen.

℣. Herr, sende ihnen Hilfe von deinem Heiligthume.

℟. Und von Sion aus beschütze sie.

℣. Herr, erhöre mein Gebet.

℟. Und laß mein Rufen zu Dir kommen!

℣. O Gott, dem es eigen ist, allezeit Erbarmung
und Schonung zu gewähren, nimm unser Flehen
gnädig auf; auf daß uns und alle deine Diener, welche
die Sünde noch gefesselt hält, deine liebevolle Barm=
herzigkeit davon huldvoll befreie.

Wir bitten Dich, o Herr! erhöre das Gebet der
Demüthigen und schone derjenigen, die ihre Sünden
bekennen, damit Du uns gütigst Verzeihung und zugleich
auch Frieden ertheilest.

Erzeige uns, gnädig, o Herr! deine unaussprechliche
Barmherzigkeit, indem Du uns von allen Sünden be=
freiest und uns erlösest von den Strafen, die wir
dafür verdienen.

O Gott, der Du durch die Sünde beleidigt und
durch die Buße versöhnt wirst! Sieh' gnädig an das
Gebet deines demüthigen Volkes und wende von uns
ab die Geißel deines Zornes, welche wir für unsere
Sünden verdienen.

Allmächtiger, ewiger Gott! erbarme Dich deines
Dieners, unseres Papstes N., und leite ihn nach deiner

Güte auf dem Wege des ewigen Heils, damit er durch
deine Gnade nur das, was Dir wohlgefällt, begehre
und es mit Kraft vollbringe.

O Gott, von dem die heiligen Begierden, die guten
Entschlüsse und die gerechten Werke herkommen, gieb
deinen Dienern den Frieden, welchen die Welt nicht
geben kann, damit unsere Herzen deinen Geboten er=
geben, und, die Furcht vor den Feinden entfernt, unsere
Zeiten durch deinen Schutz friedlich sein mögen.

Entzünde, o Herr! mit dem Feuer des heiligen Gei=
stes, unsere Nieren und unser Herz, damit wir Dir mit
keuschem Leibe dienen und mit reinem Herzen gefallen
mögen.

O Gott, Du Schöpfer und Erlöser aller Gläubigen,
verleihe den Seelen deiner Diener und Dienerinnen
Nachlassung aller Sünden, auf daß sie die Verzeihung,
die sie allezeit gewünscht haben, durch fromme Für=
bitten erlangen mögen

Wir bitten Dich, o Gott! Du wollest allen unsern
Handlungen mit deiner Gnade zuvorkommen und die=
selben mit deinem Beistande begleiten, damit all' unser
Gebet und Wirken von Dir jederzeit anfange, und das
durch Dich Angefangene durch Dich geendigt werde.

Allmächtiger, ewiger Gott, der Du herrschest über
die Lebenden und die Todten, und Dich Aller erbar=
mest, welche Du aus ihrem Glauben und ihren Werken
als die Deinigen erkennest; wir bitten Dich flehentlich,
daß die, für welche wir zu beten entschlossen haben,
mögen sie noch in dieser Welt im Fleische wandeln, oder
mögen sie, befreit von ihrem Körper, ins Jenseits
geschieden sein, durch die Fürbitte aller deiner Heili=
gen nach deiner milden Gütigkeit Verzeihung aller
ihrer Sünden erlangen mögen; durch unsern Herrn

Jesum Christum, deinen Sohn, der mit Dir lebt und regiert in Einigkeit des heiligen Geistes, Gott von Ewigkeit zu Ewigkeit. Amen.

℣. Herr, erhöre mein Gebet!

℟. Und laß mein Rufen zu Dir kommen!

℣. Lasset uns den Herrn loben.

℟. Gott sei Dank!

℣. Es erhöre uns der Herr, der Allmächtige und Barmherzige.

℟. Amen.

℣. Und die Seelen der Gläubigen mögen durch die Barmherzigkeit Gottes im Frieden ruhen.

℟. Amen.

Anhang.

No. 18. Maria voll Gnaden.

1. Maria voll Gnaden, dein Herz ich verehr', *
Kein Leid kann mir schaden, wenn ich dich verehr'. *
Dies Herz steht mir offen, ich schließ mich hinein, * Will
Hilfe da hoffen in Freud' und in Leid. * O Herz, ich
verehre nach Möglichkeit dich, * Die Liebe vermehre,
das bitten wir dich!

2. Mein Herz kann nicht finden die Ruh' in der
Welt; * Du Reinste von Sünden, du Lilienfeld! *
Die Welt mir verleide durch heilsamen Schmerz, *
Von Jesu nicht scheide mein zagendes Herz. * O Herz,
ich verehre nach Möglichkeit dich, * Die Liebe ver=
mehre, das bitten wir dich!

No. 19. Gegrüßet seist du, Königin.

1. Gegrüßet seist du, Königin! * O Maria! * Der
Menschen Schirm und Helferin! * Alleluja!
:,: Freuet euch ihr Cherubim! Singet stets ihr
Seraphim! Salve! Salve! Salve Regina! :,:

2. O Mutter der Barmherzigkeit, * O Maria! * Des
Lebens Freud und Süßigkeit, * Alleluja! * Freuet
euch, ꝛc.

3. Wir Kinder Evas seufzen hier, * O Maria! *
Und blicken trauernd auf zu dir, * Alleluja! * Freuet
euch, ꝛc.

No. 20.   Wie bist du so heilig.

1. Wie bist du so heilig, * So rein und jungfräu=
lich, * Maria, wie schön! * Hör' wie wir dich preisen, *
In lieblichen Weisen, * Mit Jubelgetön.

2. Gott warst du geweihet, * Von Ihm benedeiet, *
Voll Gnade und Huld; * Ihm hast du vor Allen * Am
meisten gefallen * In Lieb' und Geduld.

3. O selig verklärte, * Durch Prüfung bewährte! *
Mit himmlischem Glanz * Schmückt dich nun beim
Sohne * Die strahlende Krone, * Der Tugenden Kranz.

No. 21.   Zum heiligen Schutzengel.

Du, mein Schutzgeist, Gottes Engel! * Weiche,
weiche nicht von mir; * Leite mich durch's Thal der
Mängel, * Bis hinauf, hinauf zu Dir. * Gehe treulich
mir zur Seite, * Gieb' mir dann auch das Geleite, *
:,: Leit' mich zu des Himmels Höhn. :,:

No. 22.   Zum heiligen Joseph.

1. Du aus Davids Stamm geboren, * Joseph,
Schutz der Jungfrau rein, * Jesus hat dich auser=
koren, * Pflegevater Ihm zu sein. * Heil'ger Joseph,
mir auch biete * Deine Hilf' und treue Hand, * Und
beständig mich behüte * Als dein Kind vor Sünd'
und Schand'.

2. Du die Jungfrau hast begleitet * Zur Geburts=
stadt Bethlehem, * Doch kein' Herberg war bereitet, *
Zeit und Ort war unbequem. * In dem Stall' mußt
sie gebären * Ihren Sohn bei kalter Nacht. * Ach! wo
bleiben meine Zähren, * Da ich diese Lieb' betracht'!

No. 23.   ## Advents = Lied.

1. O komm', o komm', Emanuel; * Es sehnt nach Dir sich Israel. * In Angst und Jammer weinen wir, * Und flehen seufzend auf zu Dir. * Bald kommt Er, dein Emanuel, * :,: Frohlock' und jauchze, Israel! :,:

2. O komm', Du wahres Licht der Welt, * Und schein' in diese Dunkelheit. * Wir irren hier in Trug und Wahn; * Du bist es nur der helfen kann. * Bald, 2c.

3. O komm', Du holdes Himmelskind, * Des neuen Bundes Opferlamm! * Wir seufzen tief in Sünden= schuld; * Du bringst uns deines Vaters Huld. * Bald, 2c.

Weihnachts = Lieder.
No. 24.

1. Ihr Hirten erwacht * Vom Schlummer der Nacht! * So ruft auf der Weide * Der Bote der Freude, * Ein Engel umgeben von himmlischer Pracht.

2. Wie tröstlich er spricht, * O fürchtet euch nicht! * Ihr waret verloren, * Heut ist euch geboren * Der Heiland, der Allen das Leben verspricht.

3. Seht Bethlehem dort, * Den glücklichen Ort! * Da werdet ihr finden, * Was wir euch verkünden, * Das sehnlichst erwartete, göttliche Wort.

4. Der Schrecken verschwind't; * Sie gehen ge= schwind, * Und finden im Stalle * Das Heil für uns Alle, * In Windeln gewickelt, das göttliche Kind.

No. 25.   Ihr Kinderlein.

1. Ihr Kinderlein kommet, o kommet doch All', *
Zur Krippe her kommet, in Bethlehem's Stall, * Und
seht, was in dieser hochheiligen Nacht * Der Vater im
Himmel für Freude uns macht.

2. O seht in der Krippe, im nächtlichen Stall, *
Seht hier bei des Lichtleins hellglänzendem Strahl, *
In reinlichen Windeln das himmlische Kind, * Viel
schöner und holder als Engel es sind.

3. Da liegt es, ach, Kinder! auf Heu und auf
Stroh; * Maria und Joseph betrachten es froh, *
Die redlichen Hirten knie'n betend davor, * Hoch oben
schwebt jubelnd der Engelein Chor.

4. O beugt, wie die Hirten, anbetend das Knie, *
Erhebet die Händlein und danket wie sie; * Stimmt
freudig, ihr Kinder, wer wollt' sich nicht freu'n? *
Stimmt freudig im Jubel der Engel mit ein.

No. 26.   Schönstes Kindlein.

1. Schönstes Kindlein, bestes Knäblein, * Aller=
liebstes Jesulein! * Sieh', wir alle laden freundlich *
Dich in uns're Herzen ein.

2. Bleibe nicht im rauhen Stalle, * Weile nicht im
kalten Wind, * Da Dir uns're warmen Arme * Zum
Empfange offen sind.

3. O wir kennen deine Würde. * Bist Du jetzt auch
schwach und klein, * Sagen wir doch mit Vertrauen: *
Unser Retter wirst Du sein.

4. O wir wissen, daß Du einmal * Richter aller
Welten bist: * Aber jetzt sei uns als Kindlein, * Sei
im Elend uns gegrüßt.

No. 27. Der am Kreuz ist meine Liebe.

1. Der am Kreuz ist meine Liebe, * Meine Lieb' ist
Jesus Christ! * Weicht von mir des Eit'len Triebe *
Alles, was nicht ewig ist. * Was du giebst, ist nicht
von Gott, * Und womit du lohnst ist Tod. * Der am
Kreuz ist meine Liebe, * Dem ich treu zu sein mich
übe.

2. Der am Kreuz ist meine Liebe. * Sünde, du bist
mir verhaßt! * Weh' mir, wenn ich den betrübe, *
Der für mich am Kreuz erblaßt. * Kreuzigt' ich nicht
Gottes Sohn? * Trät' ich nicht sein Blut mit Hohn? *
Der am Kreuz, ꝛc.

Oster = Lieder.

No. 28.

1. Christus ist erstanden, * Befreit von Todes=
banden; * Deß sollen wir uns alle freuen, * Denn
Er will unser Tröster sein. * Alleluja.

2. Um uns zu erretten * Von ew'ger Knechtschaft
Ketten, * Begab Er sich in Todesnacht, * Und ist zum
Leben auferwacht. * Alleluja.

3. Bringt dem Ueberwinder, * Erlöste Menschen=
kinder, * Von Herzen bringt Ihm frohen Dank, *
Und preiset Ihn mit Lobgesang. * Alleluja.

No. 29. Jesus lebt.

1. Jesus lebt! mit Ihm auch ich. * Tod, wo sind
nun deine Schrecken? * Er, Er lebt und wird auch
mich * Einst vom Tode auferwecken. * Er verklärt
mich in sein Licht; * Dies ist meine Zuversicht.

2. Jesus lebt, Ihm ist das Reich * Ueber alle Welt gegeben. * Mit Ihm werd' auch ich zugleich * Ewig herrschen, ewig leben. * Gott erfüllt, was Er ver= spricht: * Dies ist meine Zuversicht.

3. Jesus lebt, wer nun verzagt, * Lästert Ihn und Gottes Ehre; * Gnade hat Er zugesagt, * Wenn der Sünder sich bekehre. * Gott verstößt den Sünder nicht: * Dies ist meine Zuversicht.

FINIS.

Inhalt.

Lieder.